興味の尽きることのない漢字学習

漢字文化圏の人々だけではなく、
世界中に日本語研究をしている人が数多くいます。
漢字かなまじり文は、独特の形を持ちながら
伝統ある日本文化を支え、
伝達と文化発展の基礎となってきました。
その根幹は漢字。
一字一字を調べていくと、
その奥深さに心打たれ、興味がわいてきます。
漢字は、生涯かけての
勉強の相手となるのではないでしょうか。

「漢検」級別 主な出題内容

10級 …対象漢字数 80字
漢字の読み／漢字の書取／筆順・画数

9級 …対象漢字数 240字
漢字の読み／漢字の書取／筆順・画数

8級 …対象漢字数 440字
漢字の読み／漢字の書取／部首・部首名／筆順・画数／送り仮名／対義語／同じ漢字の読み

7級 …対象漢字数 642字
漢字の読み／漢字の書取／部首・部首名／筆順・画数／送り仮名／対義語／同音異字／三字熟語

6級 …対象漢字数 835字
漢字の読み／漢字の書取／部首・部首名／筆順・画数／送り仮名／対義語・類義語／同音・同訓異字／三字熟語／熟語の構成

5級 …対象漢字数 1026字
漢字の読み／漢字の書取／部首・部首名／筆順・画数／送り仮名／対義語・類義語／同音・同訓異字／誤字訂正／四字熟語／熟語の構成

4級 …対象漢字数 1339字
漢字の読み／漢字の書取／部首・部首名／送り仮名／対義語・類義語／同音・同訓異字／誤字訂正／四字熟語／熟語の構成

3級 …対象漢字数 1623字
漢字の読み／漢字の書取／部首・部首名／送り仮名／対義語・類義語／同音・同訓異字／誤字訂正／四字熟語／熟語の構成

準2級 …対象漢字数 1951字
漢字の読み／漢字の書取／部首・部首名／送り仮名／対義語・類義語／同音・同訓異字／誤字訂正／四字熟語／熟語の構成

2級 …対象漢字数 2136字
漢字の読み／漢字の書取／部首・部首名／送り仮名／対義語・類義語／同音・同訓異字／誤字訂正／四字熟語／熟語の構成

準1級 …対象漢字数 約3000字
漢字の読み／漢字の書取／故事・諺／対義語・類義語／同音・同訓異字／誤字訂正／四字熟語

1級 …対象漢字数 約6000字
漢字の読み／漢字の書取／故事・諺／対義語・類義語／同音・同訓異字／誤字訂正／四字熟語

※ここに示したのは出題分野の一例です。毎回すべての分野から出題されるとは限りません。また、このほかの分野から出題されることもあります。

日本漢字能力検定採点基準 最終改定：平成25年4月1日

❶ 採点の対象
筆画を正しく、明確に書かれた字を採点の対象とし、くずした字や、乱雑に書かれた字は採点の対象外とする。

❷ 字種・字体
① 2～10級の解答は、内閣告示「常用漢字表」（平成二十二年）による。ただし、旧字体での解答は正答とは認めない。
② 1級および準1級の解答は、『漢検要覧 1／準1級対応』（公益財団法人日本漢字能力検定協会発行）に示す「標準字体」「許容字体」「旧字体一覧表」による。

❸ 読み
① 2～10級の解答は、内閣告示「常用漢字表」（平成二十二年）による。
② 1級および準1級の解答には、①の規定は適用しない。

❹ 仮名遣い
仮名遣いは、内閣告示「現代仮名遣い」による。

❺ 送り仮名
送り仮名は、内閣告示「送り仮名の付け方」による。

❻ 部首
部首は、『漢検要覧 2～10級対応』（公益財団法人日本漢字能力検定協会発行）収録の「部首一覧表と部首別の常用漢字」による。

❼ 筆順
筆順の原則は、文部省編『筆順指導の手びき』（昭和三十三年）による。常用漢字一字一字の筆順は、『漢検要覧 2～10級対応』収録の「常用漢字の筆順一覧」による。

❽ 合格基準

級	満点	合格
1級／準1級／2級	二〇〇点	八〇％程度
準2級／3級／4級／5級／6級／7級	二〇〇点	七〇％程度
8級／9級／10級	一五〇点	八〇％程度

※部首、筆順は『漢検 漢字学習ステップ』など公益財団法人日本漢字能力検定協会発行図書でも参照できます。

日本漢字能力検定審査基準

10級

程度　小学校第1学年の学習漢字を理解し、文や文章の中で使える。

領域・内容

《読むことと書くこと》　小学校学年別漢字配当表の第1学年の学習漢字を読み、書くことができる。

《筆順》　点画の長短、接し方や交わり方、筆順および総画数を理解している。

9級

程度　小学校第2学年までの学習漢字を理解し、文や文章の中で使える。

領域・内容

《読むことと書くこと》　小学校学年別漢字配当表の第2学年までの学習漢字を読み、書くことができる。

《筆順》　点画の長短、接し方や交わり方、筆順および総画数を理解している。

8級

程度　小学校第3学年までの学習漢字を理解し、文や文章の中で使える。

領域・内容

《読むことと書くこと》　小学校学年別漢字配当表の第3学年までの学習漢字を読み、書くことができる。

- 音読みと訓読みとを理解していること
- 送り仮名に注意して正しく書けること（食べる、楽しい、後ろ　など）
- 対義語の大体を理解していること（勝つ―負ける、重い―軽い　など）
- 同音異字を理解していること（反対、体育、期待、太陽　など）

《筆順》　筆順、総画数を正しく理解している。

《部首》　主な部首を理解している。

7級

程度　小学校第4学年までの学習漢字を理解し、文章の中で正しく使える。

領域・内容

《読むことと書くこと》　小学校学年別漢字配当表の第4学年までの学習漢字を読み、書くことができる。

- 音読みと訓読みとを正しく理解していること
- 送り仮名に注意して正しく書けること（等しい、短い、流れる　など）
- 熟語の構成を知っていること
- 対義語の大体を理解していること（入学―卒業、成功―失敗　など）
- 同音異字を理解していること（健康、高校、公共、外交　など）

《筆順》　筆順、総画数を正しく理解している。

《部首》　部首を理解している。

6級

程度　小学校第5学年までの学習漢字を理解し、文章の中で漢字が果たしている役割を知り、正しく使える。

領域・内容

《読むことと書くこと》　小学校学年別漢字配当表の第5学年までの学習漢字を読み、書くことができる。

・音読みと訓読みとを正しく理解していること
・送り仮名や仮名遣いに注意して正しく書けること（求める、失う　など）
・熟語の構成を知っていること（上下、絵画、大木、読書、不明　など）
・対義語、類義語の大体を理解していること（禁止―許可、平等―均等　など）
・同音・同訓異字を正しく理解していること

《筆順》　筆順、総画数を正しく理解している。

《部首》　部首を理解している。

5級

程度　小学校第6学年までの学習漢字を理解し、文章の中で漢字が果たしている役割に対する知識を身に付け、漢字を文章の中で適切に使える。

領域・内容

《読むことと書くこと》　小学校学年別漢字配当表の第6学年までの学習漢字を読み、書くことができる。

・音読みと訓読みとを正しく理解していること
・送り仮名や仮名遣いに注意して正しく書けること
・熟語の構成を知っていること
・対義語、類義語を正しく理解していること
・同音・同訓異字を正しく理解していること

《四字熟語》　四字熟語を正しく理解している（有名無実、郷土芸能　など）。

《筆順》　筆順、総画数を正しく理解している。

《部首》　部首を理解し、識別できる。

4級

程度　常用漢字のうち約1300字を理解し、文章の中で適切に使える。

領域・内容

《読むことと書くこと》　小学校学年別漢字配当表のすべての漢字と、その他の常用漢字約300字の読み書きを習得し、文章の中で適切に使える。

・音読みと訓読みとを正しく理解していること
・送り仮名や仮名遣いに注意して正しく書けること
・熟語の構成を正しく理解していること
・熟字訓、当て字を理解していること（小豆／あずき、土産／みやげ　など）
・対義語、類義語、同音・同訓異字を正しく理解していること

《四字熟語》　四字熟語を理解している。

《部首》　部首を識別し、漢字の構成と意味を理解している。

3級

程度　常用漢字のうち約1600字を理解し、文章の中で適切に使える。

領域・内容

《読むことと書くこと》　小学校学年別漢字配当表のすべての漢字と、その他の常用漢字約600字の読み書きを習得し、文章の中で適切に使える。

・音読みと訓読みとを正しく理解していること
・送り仮名や仮名遣いに注意して正しく書けること
・熟語の構成を正しく理解していること
・熟字訓、当て字を理解していること（乙女／おとめ、風邪／かぜ　など）
・対義語、類義語、同音・同訓異字を正しく理解していること

《四字熟語》　四字熟語を理解している。

《部首》　部首を識別し、漢字の構成と意味を理解している。

※常用漢字とは、平成22年（2010年）11月30日付内閣告示による「常用漢字表」に示された2136字をいう。

準2級

程度　常用漢字のうち1951字を理解し、文章の中で適切に使える。

領域・内容

《読むことと書くこと》　1951字の漢字の読み書きを習得し、文章の中で適切に使える。

・音読みと訓読みとを正しく理解していること
・送り仮名や仮名遣いに注意して正しく書けること
・熟語の構成を正しく理解していること
・熟字訓、当て字を理解していること（硫黄／いおう、相撲／すもう　など）
・対義語、類義語、同音・同訓異字を正しく理解していること

《四字熟語》　典拠のある四字熟語を理解している（驚天動地、孤立無援　など）。

《部首》　部首を識別し、漢字の構成と意味を理解している。

※　1951字とは、昭和56年（1981年）10月1日付内閣告示による旧「常用漢字表」の1945字から「勺」「錘」「銑」「脹」「匁」の5字を除いたものに、現行の「常用漢字表」のうち、「茨」「媛」「岡」「熊」「埼」「鹿」「栃」「奈」「梨」「阪」「阜」の11字を加えたものを指す。

2級

程度　すべての常用漢字を理解し、文章の中で適切に使える。

領域・内容

《読むことと書くこと》　すべての常用漢字の読み書きに習熟し、文章の中で適切に使える。

・音読みと訓読みとを正しく理解していること
・送り仮名や仮名遣いに注意して正しく書けること
・熟語の構成を正しく理解していること
・熟字訓、当て字を理解していること（海女／あま、玄人／くろうと　など）
・対義語、類義語、同音・同訓異字などを正しく理解していること

《四字熟語》　典拠のある四字熟語を理解している（鶏口牛後、呉越同舟　など）。

《部首》　部首を識別し、漢字の構成と意味を理解している。

準1級

程度　常用漢字を含めて、約3000字の漢字の音・訓を理解し、文章の中で適切に使える。

領域・内容

《読むことと書くこと》　常用漢字の音・訓を含めて、約3000字の漢字の読み書きに慣れ、文章の中で適切に使える。

・熟字訓、当て字を理解していること
・対義語、類義語、同音・同訓異字などを理解していること
・国字を理解していること（峠、凧、畠　など）
・複数の漢字表記について理解していること（國―国、交叉―交差　など）

《四字熟語・故事・諺》　典拠のある四字熟語、故事成語・諺を正しく理解している。

《古典的文章》　古典的文章の中での漢字・漢語を理解している。

※　約3000字の漢字は、JIS第一水準を目安とする。

1級

程度　常用漢字を含めて、約6000字の漢字の音・訓を理解し、文章の中で適切に使える。

領域・内容

《読むことと書くこと》　常用漢字の音・訓を含めて、約6000字の漢字の読み書きに慣れ、文章の中で適切に使える。

・熟字訓、当て字を理解していること
・対義語、類義語、同音・同訓異字などを理解していること
・国字を理解していること（怺える、毟る　など）
・地名・国名などの漢字表記（当て字の一種）を知っていること
・複数の漢字表記について理解していること（鹽―塩、颱風―台風　など）

《四字熟語・故事・諺》　典拠のある四字熟語、故事成語・諺を正しく理解している。

《古典的文章》　古典的文章の中での漢字・漢語を理解している。

※　約6000字の漢字は、JIS第一・第二水準を目安とする。

※常用漢字とは、平成22年（2010年）11月30日付内閣告示による「常用漢字表」に示された2136字をいう。

個人受検を申し込まれる皆さまへ

協会ホームページのご案内

検定に関する最新の情報（申込方法やお支払い方法など）は、公益財団法人　日本漢字能力検定協会ホームページ https://www.kanken.or.jp/ をご確認ください。
なお、下記の二次元コードから、ホームページへ簡単にアクセスできます。

受検規約について

受検を申し込まれる皆さまは、「日本漢字能力検定 受検規約（漢検PBT）」の適用があることを同意のうえ、検定の申し込みをしてください。受検規約は協会のホームページでご確認いただけます。

1 受検級を決める

受検資格　制限はありません

実施級　1、準1、2、準2、3、4、5、6、7、8、9、10級

検定会場　全国主要都市約170か所に設置
（実施地区は検定の回ごとに決定）

検定時間　ホームページにてご確認ください。

2 検定に申し込む

インターネットにてお申し込みください。

注意

①家族・友人と同じ会場での受検を希望する方は、検定料のお支払い完了後、申込締切日の2営業日後までに協会（お問い合わせフォーム）までお知らせください。

②障がいがあるなど、身体的・精神的な理由により、受検上の配慮を希望される方は、申込締切日までに協会（お問い合わせフォーム）までご相談ください（申込締切日以降のお申し出には対応できかねます）。

③申込締切日以降は、受検級・受検地を含む内容変更および取り消し・返金は、いかなる場合もできません。また、次回以降の振り替え、団体受検や漢検CBTへの変更もできません。

団体受検の申し込み

自分の学校や企業などの団体で志願者が一定以上集まると、団体単位で受検の申し込みができる「団体受検」という制度もあります。団体受検申込を扱っているかどうかは先生や人事関係の担当者に確認してください。

3 受検票が届く

受検票は検定日の約1週間前から順次お届けします。

注意

①1、準1、2、準2、3級の方は、後日届く受検票に顔写真（タテ4㎝×ヨコ3㎝、6か月以内に撮影、上半身、正面、帽子やマスクは外す）を貼り付け、会場に当日持参してください。
（当日回収・返却不可）

②4級～10級の方は、顔写真は不要です。

4 検定日当日

持ち物　受検票、鉛筆（HB、B、2Bの鉛筆またはシャープペンシル）、消しゴム

※ボールペン、万年筆などの使用は認められません。ルーペ持ち込み可。

注意

①会場への車での来場（送迎を含む）は、交通渋滞の原因や近隣の迷惑になりますので固くお断りします。

②検定開始時刻の15分前を目安に受検教室までお越しください。答案用紙の記入方法などを説明します。

③携帯電話やゲーム、電子辞書などは、電源を切り、かばんにしまってから入場してください。

④検定中は受検票を机の上に置いてください。

⑤答案用紙には、あらかじめ名前や生年月日などが印字されています。

⑥検定日の約5日後に漢検ホームページにて標準解答を公開します。

5 合否の通知

検定日の約40日後に、受検者全員に「検定結果通知」を郵送します。合格者には「合格証書」・「合格証明書」を同封します。欠席者には検定問題と標準解答をお送りします。受検票は検定結果が届くまで大切に保管してください。

進学・就職に有利！
合格者全員に合格証明書発行

大学・短大の推薦入試の提出書類に、また就職の際の履歴書に添付してあなたの漢字能力をアピールしてください。合格者全員に、合格証書と共に合格証明書を2枚、無償でお届けいたします。

合格証明書が追加で必要な場合は有償で再発行できます。

申請方法はホームページにてご確認ください。

お問い合わせ窓口

電話番号　フリーコール **0120-509-315**（無料）

（海外からはご利用いただけません。ホームページよりメールでお問い合わせください。）

お問い合わせ時間　月～金　9時00分～17時00分

（祝日・お盆・年末年始を除く）

※公開会場検定日とその前日の土曜は開設

※検定日は9時00分～18時00分

メールフォーム　https://www.kanken.or.jp/kanken/contact/

「漢検」受検の際の注意点

【字の書き方】

問題の答えは楷書で大きくはっきり書きなさい。乱雑な字や続け字、また、行書体や草書体のようにくずした字は採点の対象とはしません。

特に漢字の書き取り問題では、答えの文字は教科書体をもとにして、はねるところ、とめるところなどもはっきり書きましょう。また、画数に注意して、一画一画を正しく、明確に書きなさい。

《例》

○熱　×熱

○言　×言

○糸　×糸

【字種・字体について】

(1)日本漢字能力検定2～10級においては、「常用漢字表」に示された字種で書きなさい。つまり、表外漢字（常用漢字表にない漢字）を用いると、正答とは認められません。

《例》

○交差点　×交叉点　（「叉」が表外漢字）

○寂しい　×淋しい　（「淋」が表外漢字）

(2)日本漢字能力検定2～10級においては、「常用漢字表」に示された字体で書きなさい。なお、「常用漢字表」に参考として示されている康熙《こうき》字典体など、旧字体と呼ばれているものを用いると、正答とは認められません。

《例》

○真　×眞

○飲　×飮

○弱　×弱

○渉　×涉

○迫　×迫

(3)一部例外として、平成22年告示「常用漢字表」で追加された字種で、許容字体として認められているものや、その筆写文字と印刷文字との差が習慣の相違に基づくとみなせるものは正答と認めます。

《例》

餌 ➡ 餌　と書いても可

遜 ➡ 遜　と書いても可

葛 ➡ 葛　と書いても可

溺 ➡ 溺　と書いても可

箸 ➡ 箸　と書いても可

注意

(3)において、どの漢字が当てはまるかなど、一字一字については、当協会発行図書（2級対応のもの）掲載の漢字表で確認してください。

公益財団法人 日本漢字能力検定協会

漢検

改訂四版

漢検 漢字学習ステップ 3級

漢検 公益財団法人 日本漢字能力検定協会

もくじ

本書の使い方

「日本漢字能力検定（漢検）3級」では、中学校で学習する漢字一一一〇字のうち、二八四字を中心として、読み・書き、使い方などが出題の対象となります。本書では、その二八四字を、**漢字表・練習問題**からなる35ステップに分けて、広く学習していきます。

また、数ステップごとに設けた**力だめし**では、復習と確認が行えます。巻末の**総まとめ**は審査《しんさ》基準に則した出題形式となっており、模擬《もぎ》試験としてご利用いただけます。

＊漢字表・練習問題などのそれぞれの使い方は次のページをご参照ください。

さらに付録として、「級別漢字表」や「常用漢字表 付表」などの資料を掲載《けいさい》しました。

「漢検」の主な出題内容は「日本漢字能力検定審査基準」「日本漢字能力検定採点基準」（いずれも本書巻頭カラーページに掲載）等で確認してください。

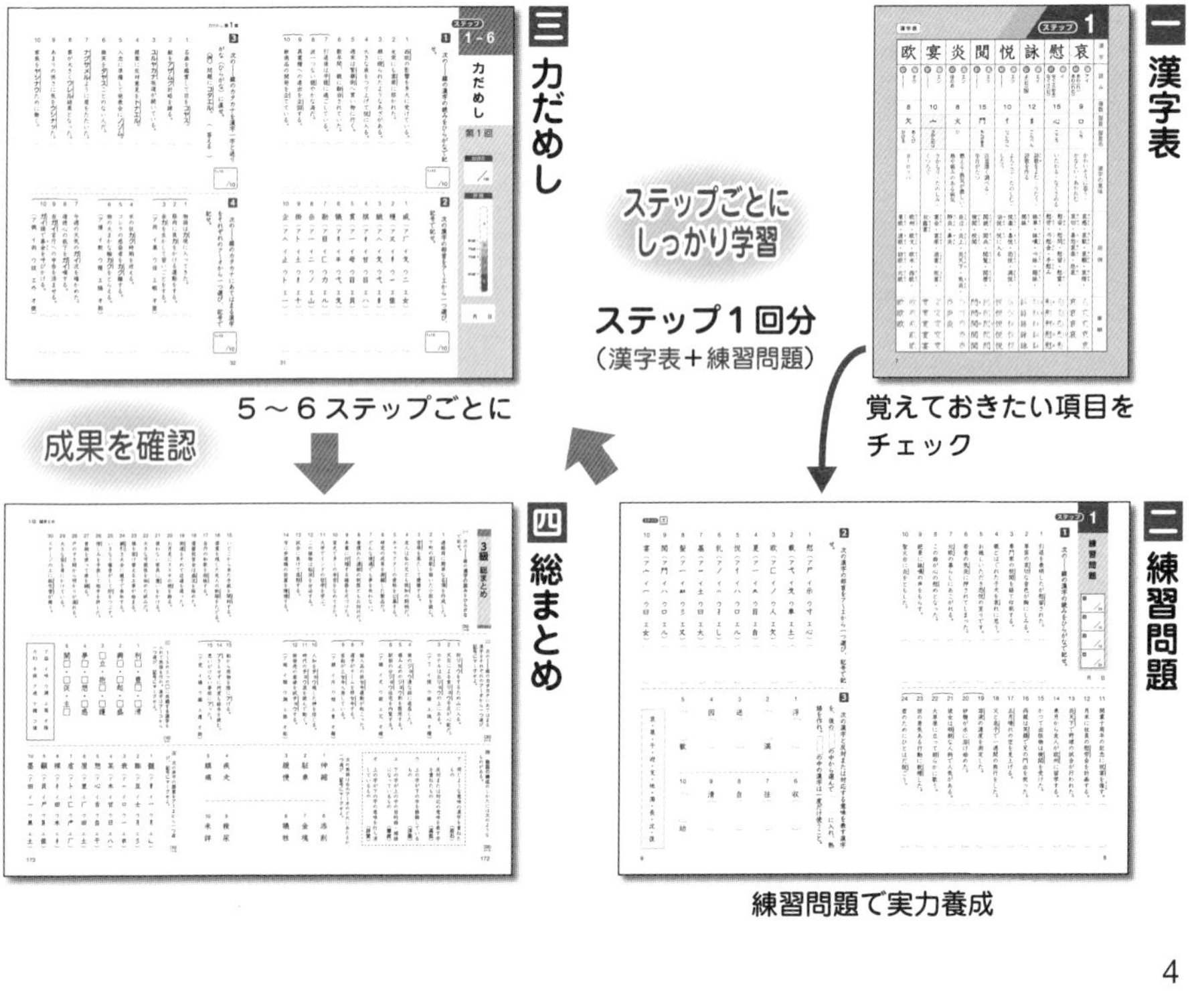

一 漢字表

各ステップで学習する漢字の数は7〜9字です。

漢字表には、それぞれの漢字について覚えておきたい項目が整理されています。漢字表の内容を確認してから、練習問題に進んでください。

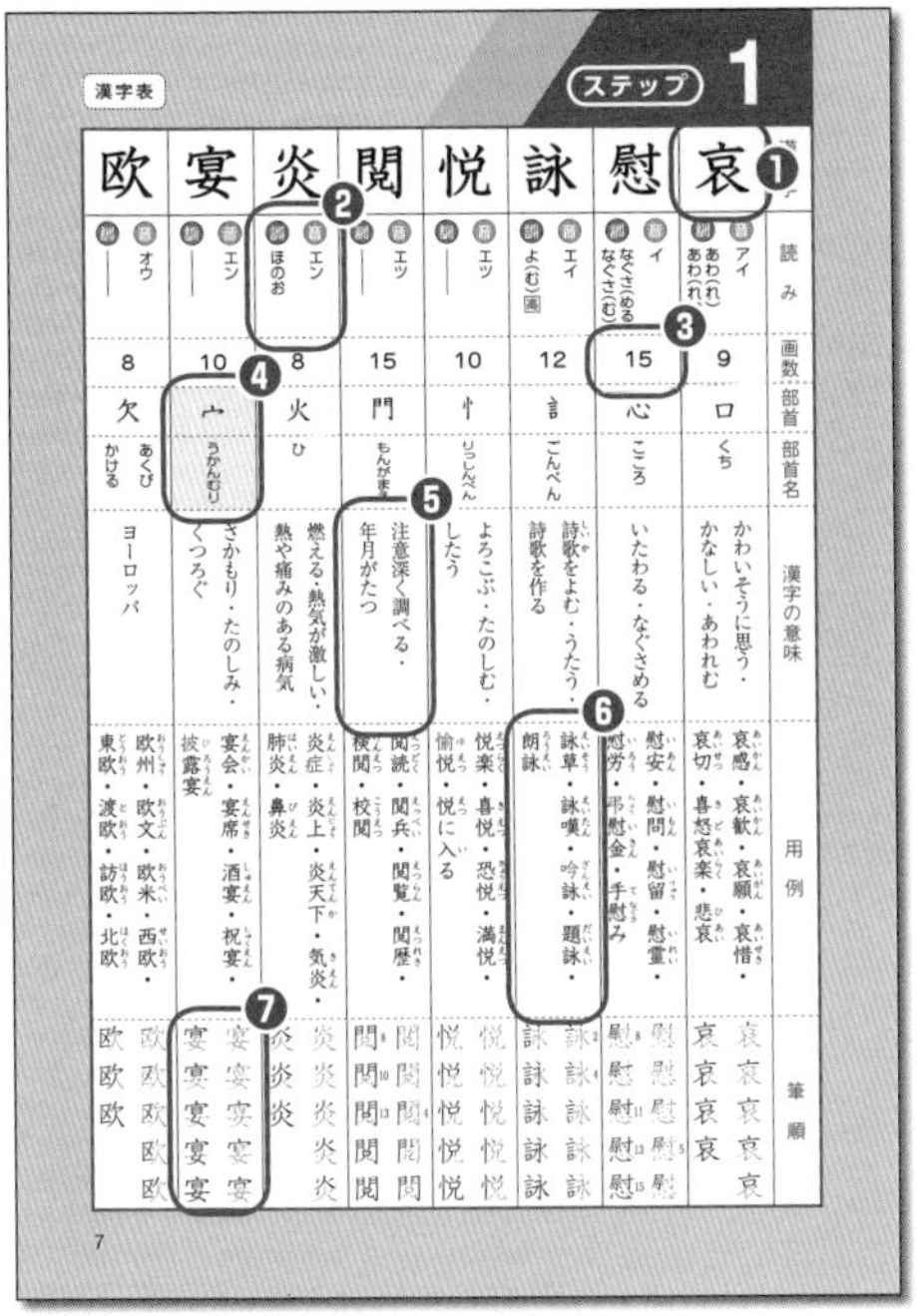

漢字表　ステップ 1

漢字	読み	画数	部首	部首名	漢字の意味	用例	筆順
哀	音 アイ　訓 あわ(れ)　あわ(れむ)	9	口	くち	かわいそうに思う・かなしい・あわれむ	哀感《あいかん》・哀歓《あいかん》・哀願《あいがん》・哀惜《あいせき》・哀切《あいせつ》・喜怒哀楽《きどあいらく》・悲哀《ひあい》	哀哀哀哀哀哀哀哀哀
慰	音 イ　訓 なぐさ(める)　なぐさ(む)	15	心	こころ	いたわる・なぐさめる	慰安《いあん》・慰問《いもん》・慰留《いりゅう》・慰霊《いれい》・慰労《いろう》・弔慰金《ちょういきん》・手慰《てなぐさ》み	慰慰慰慰慰慰慰慰慰慰
詠	音 エイ　訓 よ(む)高	12	言	ごんべん	詩歌《しいか》をよむ・うたう・詩歌を作る	詠草《えいそう》・詠嘆《えいたん》・吟詠《ぎんえい》・題詠《だいえい》・朗詠《ろうえい》	詠詠詠詠詠詠詠詠詠詠
悦	音 エツ　訓 —	10	忄	りっしんべん	よろこぶ・たのしむ・したう	悦楽《えつらく》・喜悦《きえつ》・恐悦《きょうえつ》・満悦《まんえつ》・愉悦《ゆえつ》・悦《えつ》に入《い》る	悦悦悦悦悦悦悦悦悦悦
閲	音 エツ　訓 —	15	門	もんがまえ	注意深く調べる・年月がたつ	閲読《えつどく》・閲兵《えっぺい》・閲覧《えつらん》・閲歴《えつれき》・検閲《けんえつ》・校閲《こうえつ》	閲閲閲閲閲閲閲閲閲閲
炎	音 エン　訓 ほのお	8	火	ひ	燃える・熱気が激しい・熱や痛みのある病気	炎症《えんしょう》・炎上《えんじょう》・炎天下《えんてんか》・気炎《きえん》・肺炎《はいえん》・鼻炎《びえん》	炎炎炎炎炎炎炎炎
宴	音 エン　訓 —	10	宀	うかんむり	さかもり・たのしみ・くつろぐ	宴会《えんかい》・宴席《えんせき》・酒宴《しゅえん》・祝宴《しゅくえん》・披露宴《ひろうえん》	宴宴宴宴宴宴宴宴宴宴
欧	音 オウ　訓 —	8	欠	あくび　かける	ヨーロッパ	欧州《おうしゅう》・欧文《おうぶん》・欧米《おうべい》・西欧《せいおう》・東欧《とうおう》・渡欧《とおう》・訪欧《ほうおう》・北欧《ほくおう》	欧欧欧欧欧欧欧欧

7

❶ 学習漢字

ここで学習する漢字を教科書体で記してあります。この字形を参考にして略さずていねいに書くよう心がけましょう。

❷ 読み

音読みはカタカナで、訓読みはひらがなで記載してあります。高は高校で学習する読みで、準2級以上で出題対象になります。

❸ 画数

総画数を示してあります。

❹ 部首・部首名

「漢検」で採用している部首・部首名です。注意したいものには、色をつけてあります（筆順も同様）。

❺ 意味

学習漢字の基本的な意味です。漢字の意味を把握《はあく》することは、用例の意味や同音・同訓異字の学習、熟語の構成を学ぶうえで重要です。

❻ 用例

学習漢字を用いた熟語を中心に用例を挙げました。準2級以上の漢字や高校で学習する読みは赤字で示してあります。

❼ 筆順

筆順は10の場面を示しています。途中を省略した場合はその場面の横に現在何画目なのかを表示しました。

二 練習問題

各ステップの問題は、読み・書き取り問題を中心にさまざまな問題で構成されています。得点記入欄に記録して繰り返し学習してください。

1 読み問題……各ステップの学習漢字を中心に、音読み・訓読み・特別な読み（熟字訓・当て字）を適宜《てきぎ》配分してあります。

4 書き取り問題…同音・同訓異字を含め、用例を幅広く扱っています。

その他、さまざまな角度から学習できるようになっています。

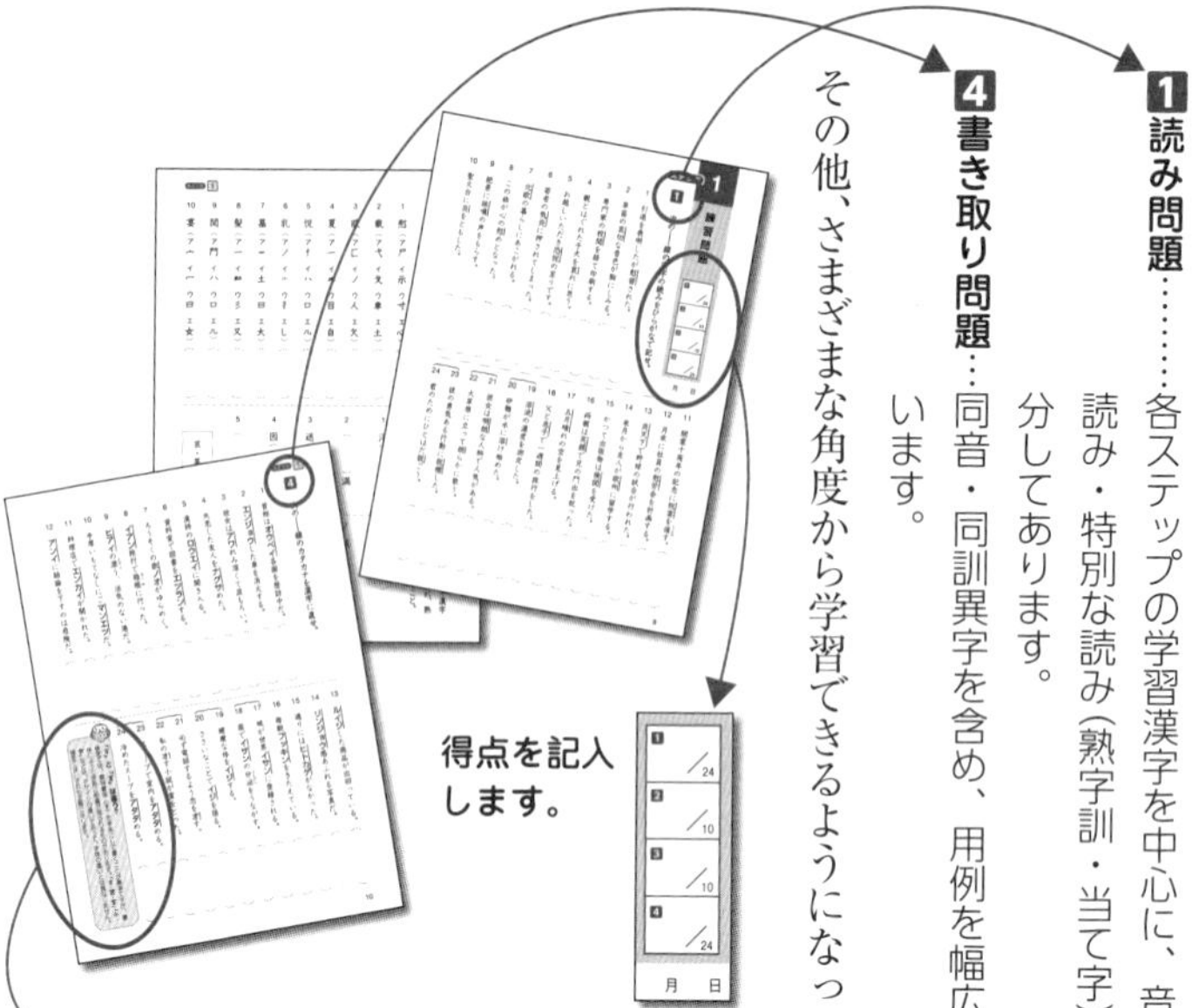

得点を記入します。

コラム
漢字の使い分け、四字熟語の意味など、漢字全般のことがらを平易に記してあります。

三 力だめし

5～6ステップごとに設けてあります。

一〇〇点満点で、自己評価ができますので、小テストとして取り組んでください。

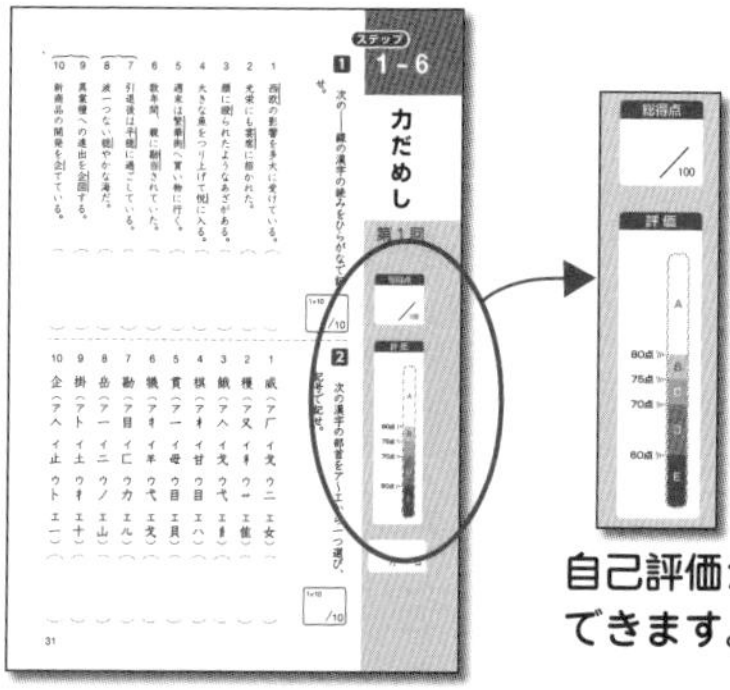

自己評価ができます。

四 総まとめ

学習がひととおり終わったら、実力の確認にお使いください。

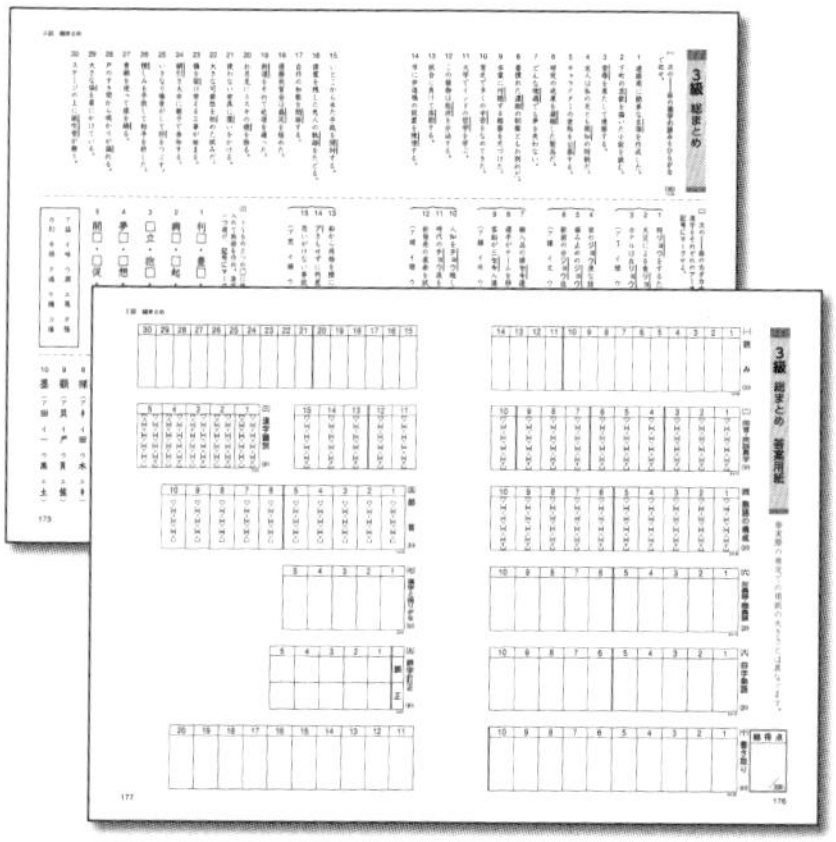

総まとめには答案用紙がついています。

漢字	読み	画数	部首	部首名	漢字の意味	用例	筆順
哀	音 アイ 訓 あわ(れ) あわ(れむ)	9	口	くち	かわいそうに思う・かなしい・あわれむ	哀感《あいかん》・哀歓《あいかん》・哀願《あいがん》・哀惜《あいせき》・哀切《あいせつ》・喜怒哀楽《きどあいらく》・悲哀《ひあい》	哀 哀 哀 哀 哀 哀 哀 哀 哀
慰	音 イ 訓 なぐさ(める) なぐさ(む)	15	心	こころ	いたわる・なぐさめる	慰安《いあん》・慰問《いもん》・慰留《いりゅう》・慰霊《いれい》・慰労《いろう》・弔慰金《ちょういきん》・手慰《てなぐさ》み	慰 慰 慰 慰 慰5 慰8 慰 慰11 慰13 慰15
詠	音 エイ 訓 よ(む) 高	12	言	ごんべん	詩歌《しいか》をよむ・うたう・詩歌を作る	詠草《えいそう》・詠嘆《えいたん》・吟詠《ぎんえい》・題詠《だいえい》・朗詠《ろうえい》	詠2 詠4 詠 詠 詠 詠 詠 詠 詠 詠
悦	音 エツ 訓 ―	10	忄	りっしんべん	よろこぶ・たのしむ・したう	悦楽《えつらく》・喜悦《きえつ》・恐悦《きょうえつ》・満悦《まんえつ》・愉悦《ゆえつ》・悦《えつ》に入《い》る	悦 悦 悦 悦 悦 悦 悦 悦 悦 悦
閲	音 エツ 訓 ―	15	門	もんがまえ	注意深く調べる・年月がたつ	閲読《えつどく》・閲兵《えっぺい》・閲覧《えつらん》・閲歴《えつれき》・検閲《けんえつ》・校閲《こうえつ》	閲 閲 閲4 閲 閲 閲8 閲10 閲13 閲 閲
炎	音 エン 訓 ほのお	8	火	ひ	燃える・熱気が激しい・熱や痛みのある病気	炎症《えんしょう》・炎上《えんじょう》・炎天下《えんてんか》・気炎《きえん》・肺炎《はいえん》・鼻炎《びえん》	炎 炎 炎 炎 炎 炎 炎 炎
宴	音 エン 訓 ―	10	宀	うかんむり	さかもり・たのしみ・くつろぐ	宴会《えんかい》・宴席《えんせき》・酒宴《しゅえん》・祝宴《しゅくえん》・披露宴《ひろうえん》	宴 宴 宴 宴 宴 宴 宴 宴 宴 宴
欧	音 オウ 訓 ―	8	欠	あくび かける	ヨーロッパ	欧州《おうしゅう》・欧文《おうぶん》・欧米《おうべい》・西欧《せいおう》・東欧《とうおう》・渡欧《とおう》・訪欧《ほうおう》・北欧《ほくおう》	欧 欧 欧 欧 欧 欧 欧 欧

ステップ 1

練習問題

1	/24
2	/10
3	/10
4	/24

月　日

1 次の――線の漢字の読みをひらがなで記せ。

1 引退を表明したが慰留された。
2 草笛の哀切な音色が胸にしみる。
3 専門家の校閲を経て印刷する。
4 親とはぐれた子犬を哀れに思う。
5 お越しいただき恐悦の至りです。
6 若者の気炎に押されてしまった。
7 北欧の暮らしにあこがれる。
8 この曲が心の慰めとなった。
9 絶景に詠嘆の声をもらす。
10 聖火台に炎をともした。
11 開業十周年の記念に祝宴を催《もよお》す。
12 月末に社員の慰労会を計画する。
13 炎天下で野球の試合が行われた。
14 来月から友人が欧州に留学する。
15 かつて出版物は検閲を受けた。
16 両親は笑顔で兄の門出を祝った。
17 五月晴れの空を見上げる。
18 父と息子で一週間の旅行をした。
19 溶液の濃度を測定した。
20 砂糖が水に溶け始めた。
21 彼女は明朗な人柄で人気がある。
22 大草原に立って朗らかに歌う。
23 彼の勇気ある行動に脱帽した。
24 君のためにひとはだ脱ごう。

2 次の漢字の部首をア～エから一つ選び、記号で記せ。

1 慰（ア 尸　イ 示　ウ 寸　エ 心）（　　）
2 載（ア 弋　イ 戈　ウ 車　エ 土）（　　）
3 欧（ア 匚　イ ノ　ウ 人　エ 欠）（　　）
4 夏（ア 一　イ 夂　ウ 目　エ 自）（　　）
5 悦（ア 忄　イ 八　ウ 口　エ 儿）（　　）
6 乳（ア ノ　イ 爫　ウ 子　エ 乚）（　　）
7 墓（ア 艹　イ 土　ウ 日　エ 大）（　　）
8 髪（ア 一　イ 髟　ウ 彡　エ 又）（　　）
9 閲（ア 門　イ 八　ウ 口　エ 儿）（　　）
10 宴（ア 宀　イ 冖　ウ 日　エ 女）（　　）

3 次の漢字と反対または対応する意味を表す漢字を、後の□の中から選んで（　）に入れ、熟語を作れ。□の中の漢字は一度だけ使うこと。

1 浮（　　）
2 （　　）満
3 送（　　）
4 因（　　）
5 （　　）歓
6 収（　　）
7 往（　　）
8 自（　　）
9 清（　　）
10 （　　）幼

哀・果・干・迎・支・他・濁・長・沈・復

4 次の――線のカタカナを漢字に直せ。

1 首相は**オウベイ**各国を歴訪中だ。
2 **エンジョウ**した車を消火する。
3 彼女は**アワ**れみ深くて涙もろい。
4 失恋した友人を**ナグサ**めた。
5 漢詩の**ロウエイ**に聞き入る。
6 資料室で図書を**エツラン**する。
7 ろうそくの**ホノオ**がゆらめく。
8 **イアン**旅行で箱根《はこね》に行った。
9 **ヒアイ**の漂《ただよ》う、活気のない港だ。
10 手厚いもてなしにご**マンエツ**だ。
11 料理店で**エンカイ**が開かれた。
12 **アンイ**に結論を下すのは危険だ。
13 **ルイジ**した商品が出回っている。
14 **リンジョウ**感あふれる写真だ。
15 通りには**ヒトカゲ**がなかった。
16 毎朝**フッキン**をきたえている。
17 城が世界**イサン**に登録される。
18 薬で**イサン**の分泌《ぶんぴつ》をうながす。
19 健康な体を**イジ**する。
20 ささいなことで**イジ**を張る。
21 必ず電話するよう念を**オ**す。
22 私の**オ**す小説が賞をとった。
23 ストーブで室内を**アタタ**める。
24 冷めたスープを**アタタ**める。

「言」と「言」は違う?
検定では、教科書体（言）を手本にして書くことが基本ですが、書体によって字形に相違が見られるものがあります。「言・言・言」「令・令」などは、デザインの違いであって、字体の違いとは見なしません。検定ではいずれも正解になります。

漢字表

ステップ 2

漢字	読み（音）	読み（訓）	画数	部首	部首名	漢字の意味	用例	筆順
殴	オウ 高	なぐ(る)	8	殳	るまた ほこづくり	なぐる・たたく	殴打《おうだ》・殴《なぐ》り合《あ》い・殴《なぐ》り書《が》き・横殴《よこなぐ》り	殴 殴 殴 殴 殴 殴 殴 殴
乙	オツ	—	1	乙	おつ	十干《じっかん》の第二・甲《こう》の次・少しかわっている	乙種《おつしゅ》・甲乙《こうおつ》・甲乙丙《こうおつへい》・乙女《おとめ》・乙《おつ》な味《あじ》・乙《おつ》に澄《す》ます	乙
卸	—	おろ(す) おろし	9	卩	わりふ ふしづくり	おろす・問屋から小売商人に売りわたす	卸売《おろしう》り・卸値《おろしね》・たな卸《おろ》し・品物《しなもの》を卸《おろ》す	卸 卸 卸 卸 卸 卸 卸 卸 卸
穏	オン	おだ(やか)	16	禾	のぎへん	やすらか・おだやか・はげしくない	穏健《おんけん》・穏当《おんとう》・穏便《おんびん》・穏和《おんわ》・安穏《あんのん》・不穏《ふおん》・平穏《へいおん》	穏 (2) 穏 穏 穏 穏 穏 (9) 穏 穏 穏 穏 (16)
佳	カ	—	8	イ	にんべん	すぐれている・美しい・めでたい	佳境《かきょう》・佳作《かさく》・佳日《かじつ》・佳人《かじん》・絶佳《ぜっか》・眺望絶佳《ちょうぼうぜっか》	佳 佳 佳 佳 佳 佳 佳 佳
架	カ	か(ける) か(かる)	9	木	き	ものをのせる台やたな・空中にかけわたす	架橋《かきょう》・架空《かくう》・架設《かせつ》・架線《かせん》・高架《こうか》・十字架《じゅうじか》・書架《しょか》・担架《たんか》	架 架 架 架 架 架 架 架 架
華	カ ケ 高	はな	10	艹	くさかんむり	はな・はなやか・中国のこと	華道《かどう》・華美《かび》・華麗《かれい》・栄華《えいが》・豪華《ごうか》・昇華《しょうか》・繁華街《はんかがい》・散華《さんげ》	華 華 華 華 華 華 華 華 華 華
嫁	カ 高	よめ とつ(ぐ)	13	女	おんなへん	とつぐ・他になすりつける	転嫁《てんか》・嫁入《よめい》り・兄嫁《あによめ》・花嫁《はなよめ》・嫁《とつ》ぎ先《さき》	嫁 嫁 嫁 嫁 (6) 嫁 嫁 嫁 嫁 (11) 嫁 嫁
餓	ガ	—	15	食	しょくへん	うえる・ひもじい思い	餓鬼《がき》・餓死《がし》・飢餓《きが》	餓 (4) 餓 (6) 餓 餓 餓 (10) 餓 餓 餓 餓 餓

ステップ 2

練習問題

1 / 24
2 / 10
3 / 10
4 / 24

月　日

1 次の――線の漢字の読みをひらがなで記せ。

1 両作品は甲乙《こう》つけがたい出来だ。
2 結局、穏当な意見に落ち着いた。
3 問屋が小売商に品物を卸す。
4 作業が佳境に差しかかる。
5 鉄道の高架下を有効に利用する。
6 華麗なドレスを身にまとう。
7 彼は穏健な思想の持ち主だ。
8 餓鬼のようにがつがつ食べる。
9 娘が嫁いで三年が過ぎた。
10 けが人を担架で救急車へ運んだ。
11 風光絶佳の地を家族で訪れた。
12 空に大きなにじの橋が架かる。
13 女性の華やいだ声が聞こえた。
14 花嫁の美しさにため息が出た。
15 衣料品を卸値で買う。
16 今日は穏やかな小春日和だ。
17 朝から横殴りの雨が降っている。
18 船は大海原に乗り出した。
19 歴史に汚点を残す事件が起きた。
20 汚い言葉遣いを改める。
21 一同は漫才を見て爆笑した。
22 少女は満面の笑みを浮かべた。
23 近隣に大きな公園がある。
24 隣の席の人に声をかける。

2

次の（　）内に入る適切な語を、後の□の中から選び、四字熟語を完成せよ。□の中の語は一度だけ使うこと。

1 才色（　　）
2 （　　）無事
3 平身（　　）
4 （　　）万化
5 （　　）異曲
6 意気（　　）
7 危機（　　）
8 花鳥（　　）
9 （　　）石火
10 （　　）分別

一髪・兼備・消沈・思慮・千変・低頭・電光・同工・風月・平穏

3

次の各文にまちがって使われている同じ読みの漢字が一字ある。上に誤字を、下に正しい漢字を記せ。

		誤	正
1	雑誌の記事の誤りを指的する。	（　）	（　）
2	限られた範位の使用を許可する。	（　）	（　）
3	本部に現在の状境を報告する。	（　）	（　）
4	会場は不温な空気に包まれた。	（　）	（　）
5	英語の試験で実力を発期する。	（　）	（　）
6	一般的な常識に架ける発言だ。	（　）	（　）
7	アジア所国との貿易を積極的に行う。	（　）	（　）
8	繁菓街に評判の洋食屋がある。	（　）	（　）
9	重要文化財の神社仏角を巡る。	（　）	（　）
10	仮空の生物を主人公にする。	（　）	（　）

4 次の――線のカタカナを漢字に直せ。

1 ゴウカなホテルに一泊する。

2 ナグられても抵抗しなかった。

3 父はオツな味だと喜んで食べた。

4 争いをオンビンに解決する。

5 電線のカけ替え工事が行われた。

6 アニヨメは優しくて素敵な人だ。

7 昔は冷害でガシ者が多く出た。

8 彼はオダやかに話を始めた。

9 たなオロしのため店を休業する。

10 墓地にジュウジカが並んでいる。

11 新人の絵本がカサクに選ばれる。

12 友人は郷里の旧家にトツいだ。

13 車内はイモを洗うような混雑だ。

14 果物をウツワに盛った。

15 母校のエンカクを調べる。

16 前後からコオウして攻める。

17 事態はキワめて深刻だ。

18 コートの選手にセイエンを送る。

19 電気ケイトウの故障が起きる。

20 論語の教えにケイトウする。

21 空き地にカセツ住宅を建てる。

22 カセツを立てて検証する。

23 運動会にソナえて練習を重ねる。

24 道端の地蔵に花をソナえる。

とめ・はねにご用心

書き取り問題では「とめ・はね」に気をつけ、楷書《かいしょ》ではっきりとていねいに書いてください。くずした字や乱雑な字は採点の対象となりません。字形や筆順を正しく覚えることが大切です。

漢字	読み	画数	部首	部首名	漢字の意味	用例	筆順
怪	音 カイ 訓 あや(しい) あや(しむ)	8	忄	りっしんべん	おかしいと思う・ふしぎに思う・普通でない	怪奇《かいき》・怪獣《かいじゅう》・怪談《かいだん》・怪盗《かいとう》・奇怪千万《きかいせんばん》・複雑怪奇《ふくざつかいき》・妖怪《ようかい》	
悔	音 カイ 訓 く(いる) く(やむ) くや(しい)	9	忄	りっしんべん	残念に思う・くやむ・人の死をとむらう	悔悟《かいご》・悔恨《かいこん》・後悔《こうかい》・悔《く》やみ状《じょう》	
塊	音 カイ 訓 かたまり	13	土	つちへん	つちくれ・かたまり	塊根《かいこん》・金塊《きんかい》・山塊《さんかい》・団塊《だんかい》・氷塊《ひょうかい》	
慨	音 ガイ 訓 ――	13	忄	りっしんべん	いきどおる・なげく・かなしみいたむ	慨然《がいぜん》・慨嘆《がいたん》・感慨《かんがい》・感慨無量《かんがいむりょう》・憤慨《ふんがい》	
該	音 ガイ 訓 ――	13	言	ごんべん	かねそなえる・あてはまる	該当《がいとう》・該博《がいはく》・当該《とうがい》	
概	音 ガイ 訓 ――	14	木	きへん	おおよそ・あらまし・おもむき・平らにする	概観《がいかん》・概況《がいきょう》・概算《がいさん》・概念《がいねん》・概要《がいよう》・概略《がいりゃく》・気概《きがい》・梗概《こうがい》	
郭	音 カク 訓 ――	11	阝	おおざと	かこい・ものの外まわり・広々とした様子	郭外《かくがい》・郭内《かくない》・外郭《がいかく》・城郭《じょうかく》・輪郭《りんかく》	
隔	音 カク 訓 へだ(てる) へだ(たる)	13	阝	こざとへん	はなれる・へだたり・へだてる	隔月《かくげつ》・隔世《かくせい》・隔絶《かくぜつ》・隔年《かくねん》・隔膜《かくまく》・隔離《かくり》・遠隔《えんかく》・間隔《かんかく》	

ステップ 3

練習問題

1	/24
2	/6
3	/10
4	/24

月　日

1 次の――線の漢字の読みをひらがなで記せ。

1 各地で怪奇な現象が報告された。（　）
2 家の庭にダリアの塊根を植える。（　）
3 講義の概要をノートにまとめた。（　）
4 隔年で祭礼が執り行われる。（　）
5 作者の該博な知識に圧倒される。（　）
6 悔恨《こん》の念にさいなまれる。（　）
7 まるで欲の塊のような人だ。（　）
8 最後までやり通す気概が大切だ。（　）
9 だれとでも分け隔てなく接する。（　）
10 悔しい思いをばねに特訓した。（　）
11 彼の話が真実かどうか怪しむ。（　）
12 思わぬ再会に感慨もひとしおだ。（　）
13 城の外郭だけが残っている。（　）
14 世間から隔絶した場所で暮らす。（　）
15 事後の対応の遅れが悔やまれる。（　）
16 恐竜《きょうりゅう》を模した怪獣の映画を見た。（　）
17 必要経費を概算してみる。（　）
18 波止場に立つと風が快かった。（　）
19 紅葉した山を背景に写真をとる。（　）
20 明らかに規則に背く行為だ。（　）
21 インフルエンザに感染する。（　）
22 海が夕日に赤く染まる。（　）
23 海外からも多くの反響があった。（　）
24 学校のチャイムの音が鳴り響く。（　）

2 次の〔　〕から類義語の関係になる組み合わせを一組選び、記号で記せ。

1 〔ア 経歴　イ 歴然　ウ 明白　エ 解明〕（　・　）
2 〔ア 概略　イ 大要　ウ 必要　エ 計略〕（　・　）
3 〔ア 該当　イ 該博　ウ 適合　エ 適度〕（　・　）
4 〔ア 仲介　イ 介入　ウ 関心　エ 関与〕（　・　）
5 〔ア 体格　イ 体裁　ウ 外見　エ 見聞〕（　・　）
6 〔ア 警戒　イ 非常　ウ 用心　エ 注目〕（　・　）

3 次の漢字の部首をア〜エから一つ選び、記号で記せ。

1 郭（ア 亠　イ 口　ウ 子　エ 阝）（　）
2 塊（ア 土　イ ム　ウ 儿　エ 鬼）（　）
3 街（ア 彳　イ 土　ウ 行　エ 亅）（　）
4 越（ア 土　イ 走　ウ 疋　エ 戈）（　）
5 華（ア 一　イ 艹　ウ 二　エ 十）（　）
6 慨（ア 忄　イ 艮　ウ 儿　エ 旡）（　）
7 殴（ア 匚　イ 几　ウ 殳　エ 又）（　）
8 窓（ア 宀　イ 穴　ウ ム　エ 心）（　）
9 戯（ア ト　イ 虍　ウ 弋　エ 戈）（　）
10 卸（ア 二　イ 卩　ウ 止　エ 𤴓）（　）

4 次の——線のカタカナを漢字に直せ。

1 バスは五分**カンカク**で運行中だ。
2 **コウカイ**先に立たずという。
3 空模様が**アヤ**しくなってきた。
4 地中から**キンカイ**が発見された。
5 今となっては**ク**いるばかりだ。
6 弟は顔の**リンカク**が父親似だ。
7 文学という**ガイネン**から外れる。
8 若者の体力不足を**ガイタン**する。
9 **カイトウ**から犯行予告があった。
10 条件に**ガイトウ**する人を集める。
11 年齢の**ヘダ**たりを感じさせない。
12 試合に負けて**クヤ**しかった。
13 **ガリュウ**で花を生けた。
14 運動して**アセ**をかく。
15 **コヨミ**の上では明日から春だ。
16 非常時の**タイショ**法を学んだ。
17 先方の言い分を**サカテ**に取った。
18 **キショウ**衛星で雲を観測する。
19 毎朝六時に**キショウ**する。
20 車の製造**カテイ**を見学する。
21 大学院で博士**カテイ**を修める。
22 教授は多数の書物を**アラワ**した。
23 素直に喜びを顔に**アラワ**した。
24 主人公が舞台に姿を**アラワ**した。

使い分けよう！ **あらわす【表・現・著】**

表す…例 喜びを表す 言葉に表す（感情などを表に出す）
現す…例 姿を現す（隠れていた姿や形が見えるようになる）
著す…例 書物を著す 社史を著す（書いて出版する）

漢字	読み	画数	部首	部首名	漢字の意味	用例	筆順
穫	音 カク／訓 —	18	禾	のぎへん	とりいれる・かりいれる	収穫《しゅうかく》	穫2 穫6 穫8 穫10 穫／穫 穫 穫16 穫 穫
岳	音 ガク／訓 たけ	8	山	やま	高くて大きな山・いかめしい	岳父《がくふ》・山岳《さんがく》・富岳《ふがく》・○○岳《たけ》	岳 岳 岳 岳 岳／岳 岳 岳
掛	音 —／訓 か(ける)・か(かる)・かかり	11	扌	てへん	かける・かかり・かけ・かけ売り	掛《か》け売《う》り・掛《か》け声《ごえ》・掛《か》け算《ざん》・掛《か》け軸《じく》・仕掛《しか》け・手掛《てが》かり	掛 掛 掛 掛 掛／掛 掛 掛9 掛 掛
滑	音 カツ・コツ／訓 すべ(る)・なめ(らか)	13	氵	さんずい	すべる・なめらか・物事がうまくいく	滑降《かっこう》・滑車《かっしゃ》・滑走《かっそう》・円滑《えんかつ》・円転滑脱《えんてんかつだつ》・潤滑《じゅんかつ》・滑稽《こっけい》	滑3 滑 滑 滑 滑／滑 滑 滑 滑 滑13
肝	音 カン／訓 きも	7	月	にくづき	きも・一番だいじなところ	肝炎《かんえん》・肝心《かんじん》・肝腎《かんじん》・肝臓《かんぞう》・肝胆《かんたん》・肝要《かんよう》・肝試《きもだめ》し・度肝《どぎも》	肝 肝 肝 肝 肝／肝 肝
冠	音 カン／訓 かんむり	9	冖	わかんむり	かんむり・人の頭《かしら》に立つ・元服する・かぶさる	冠婚葬祭《かんこんそうさい》・冠詞《かんし》・冠水《かんすい》・栄冠《えいかん》・王冠《おうかん》・弱冠《じゃっかん》・戴冠《たいかん》	冠 冠 冠 冠 冠／冠 冠 冠 冠
勘	音 カン／訓 —	11	力	ちから	よく考える・罪人を調べる・第六感	勘案《かんあん》・勘気《かんき》・勘定《かんじょう》・勘違《かんちが》い・勘当《かんどう》・勘弁《かんべん》・山勘《やまかん》	勘 勘 勘 勘5 勘／勘 勘 勘 勘 勘
貫	音 カン／訓 つらぬ(く)	11	貝	かい・こがい	つらぬく・やりとおす・昔の金銭の単位	貫通《かんつう》・貫徹《かんてつ》・縦貫《じゅうかん》・終始一貫《しゅうしいっかん》・初志貫徹《しょしかんてつ》・突貫《とっかん》	貫 貫 貫 貫 貫／貫 貫8 貫 貫 貫

ステップ 4

練習問題

1 次の――線の漢字の読みをひらがなで記せ。

1	/24
2	/10
3	/7
4	/24

月　日

1 書画の作品を壁に掛ける。
2 スキーで雪山を滑降する。
3 シロツメクサを編んで冠を作る。
4 諸事情を勘案して決定を下す。
5 国道が町を南北に貫いている。
6 関係機関と円滑な運営を図る。
7 解決への手掛かりをつかんだ。
8 妻の父のことを岳父という。
9 肝試し大会でお化けの役をする。
10 突貫工事で期日に間に合わせた。

11 今回の旅行は収穫が大きかった。
12 つい口が滑って秘密をもらした。
13 祖父が肝臓の病気で入院する。
14 台風により多くの畑が冠水した。
15 勘定を済ませて店を出た。
16 新しいトンネルが貫通した。
17 滑稽《けい》な話をして場をなごませた。
18 浮ついた気分を引きしめる。
19 控《ひか》え室でしばらく待機する。
20 ツルが機を織る昔話を読んだ。
21 山の斜面にミカン畑が広がる。
22 彼は世の中を斜めに見ている。
23 本の内容を詳細に説明する。
24 法律に詳しい友人に相談した。

2 次の——線のところにあてはまる送りがなをひらがなで記せ。

〈例〉意見を述——。（べる）

1 電車の発車時刻を確——た。（　　）
2 頼みを快——引き受ける。（　　）
3 自分の考えを貫——た。（　　）
4 チームを率——主将を選ぶ。（　　）
5 滑——はだ触りのタオルを使う。（　　）
6 何物も二人を隔——ことはできない。（　　）
7 大名の姫《ひめ》が将軍家へと嫁——だ。（　　）
8 窓の外に怪——人影が見えた。（　　）
9 畑を耕——て花の種をまく。（　　）
10 けんかをした相手に謝——たい。（　　）

3 次の——線のカタカナにあてはまる漢字をそれぞれのア・イから選び、記号で記せ。

1 **カン**心なときに役に立たない。（ア 勘　イ 肝）（　　）
2 山々が天然の城**カク**になっている。（ア 郭　イ 隔）（　　）
3 声を張り上げて和歌を朗**エイ**する。（ア 栄　イ 詠）（　　）
4 **カッ**車を使って荷物を動かす。（ア 滑　イ 活）（　　）
5 海上でタンカーが**エン**上した。（ア 炎　イ 宴）（　　）
6 **カ**かりつけの医者に相談した。（ア 架　イ 掛）（　　）
7 今さら失敗を**ク**やんでも仕方ない。（ア 朽　イ 悔）（　　）

4 次の――線のカタカナを漢字に直せ。

1 雨で足元が**スベ**りやすい。（　　）
2 畑の麦を**シュウカク**する。（　　）
3 国王の**カンムリ**が光り輝く。（　　）
4 **イッカン**して信念を曲げない。（　　）
5 空港に**カッソウ**路を増設する。（　　）
6 日本は**サンガク**地帯が多い。（　　）
7 **ドギモ**を抜くホームランだった。（　　）
8 初代王座の**エイカン**を手にした。（　　）
9 最後まで初志を**ツラヌ**く。（　　）
10 どうやら**カンチガ**いのようだ。（　　）
11 成功するには根気が**カンヨウ**だ。（　　）
12 公園のベンチに腰を**カ**ける。（　　）

13 彼女は英語を**ナメ**らかに話す。（　　）
14 夏場は食べ物が**クサ**りやすい。（　　）
15 仲間を**コブ**して優勝を目指す。（　　）
16 兄は土木工学が**センモン**だ。（　　）
17 旅の**キコウ**文をまとめる。（　　）
18 雑誌にコラムを**キコウ**している。（　　）
19 不正な**コウイ**を法律で禁じる。（　　）
20 体育館の**コウイ**室で着替える。（　　）
21 結婚式で祝いの言葉を**オク**る。（　　）
22 監督《かんとく》が選手に合図を**オク**る。（　　）
23 猟犬《りょうけん》を連れて**カ**りに出かける。（　　）
24 助けられたことで**カ**りができた。（　　）

「々」って何？

「々」は同じ字を二度書く労を省く符号《ふごう》で「踊り字（繰り返し符号）」といいます。これは「人々」「年々」などの漢字一字の繰り返しに用い、「一年一年」「不承不承」といった熟語の繰り返しや、「民主主義」「学生生活」のように複合語と認められる語句には用いません。

漢字	読み	画数	部首	部首名	漢字の意味	用例	筆順
喚	音 カン 訓 —	12	口	くちへん	大声でよぶ・さけぶ・まねく	喚起《かんき》・喚呼《かんこ》・喚声《かんせい》・喚問《かんもん》・叫喚《きょうかん》・召喚《しょうかん》	喚 3 喚 喚 喚 喚 喚 喚 喚 喚 喚
換	音 カン 訓 か(える)・か(わる)	12	扌	てへん	とりかえる・かわる・あらためる	換気《かんき》・換気扇《かんきせん》・換金《かんきん》・換算《かんさん》・交換《こうかん》・転換《てんかん》・変換《へんかん》	換 換 換 換 換 換 7 換 9 換 換 換
敢	音 カン 訓 —	12	攵	のぶん ぼくづくり	あえてする・いさましい	敢行《かんこう》・敢然《かんぜん》・敢闘《かんとう》・果敢《かかん》・進取果敢《しんしゅかかん》・勇敢《ゆうかん》・勇猛果敢《ゆうもうかかん》	敢 敢 敢 敢 敢 6 敢 敢 敢 10 敢 敢
緩	音 カン 訓 ゆる(い)・ゆる(やか)・ゆる(む)・ゆる(める)	15	糸	いとへん	ゆるやか・のろい・ゆるめる	緩急《かんきゅう》・緩急自在《かんきゅうじざい》・緩行《かんこう》・緩衝《かんしょう》・緩衝材《かんしょうざい》・緩慢《かんまん》・緩和《かんわ》	緩 6 緩 緩 緩 緩 緩 緩 緩 緩 緩
企	音 キ 訓 くわだ(てる)	6	人	ひとやね	くわだてる・計画する	企画《きかく》・企業《きぎょう》・企図《きと》	企 企 企 企 企 企
忌	音 キ 訓 い(む)高・い(まわしい)高	7	心	こころ	さける・はばかる・命日	忌中《きちゅう》・忌避《きひ》・忌引《きび》き・一周忌《いっしゅうき》・嫌忌《けんき》・三回忌《さんかいき》	忌 忌 忌 忌 忌 忌 忌
軌	音 キ 訓 —	9	車	くるまへん	わだち・手本	軌跡《きせき》・軌道《きどう》・軌範《きはん》・広軌《こうき》・常軌《じょうき》・軌《き》を一《いつ》にする	軌 軌 軌 軌 軌 軌 軌 軌 軌

ステップ 5

練習問題

1	/24
2	/10
3	/5
4	/24

月　日

1 次の——線の漢字の読みをひらがなで記せ。

1 次の駅で電車を乗り換える。
2 国会で証人喚問が行われた。
3 ラッシュ時の混雑が緩和された。
4 言い訳をして責任を忌避する。
5 冬は特に室内の換気に留意する。
6 荒天だったが決勝戦を敢行した。
7 意外な発表に喚声が上がった。
8 町おこしのイベントを企画する。
9 忌引きで数日学校を休んだ。
10 彼は新しいことに果敢にいどむ。
11 常軌を逸《いっ》した行動に困惑する。
12 ネクタイの結び目を少し緩める。
13 彼らの逃亡の企ては失敗した。
14 主人公は敢然と敵に立ち向かう。
15 検討中の課題は多岐にわたる。
16 輸入雑貨や家具を商っている。
17 最寄りの店で買い物をした。
18 為替相場の変動に注意を払う。
19 父は熱狂的な野球ファンだ。
20 手違いがあって予定が狂った。
21 鉛筆で人物のデッサンを描く。
22 この製品には鉛が含まれている。
23 弟は丈夫な体に恵まれている。
24 スカートの丈を少し短くした。

2 次の（　）内に入る適切な語を、後の［　］の中の語を選び、四字熟語を完成せよ。［　］の中の語は一度だけ使うこと。

1 （　　）満面
2 （　　）自在
3 複雑（　　）
4 臨機（　　）
5 無味（　　）
6 （　　）月歩
7 空前（　　）
8 終始（　　）
9 無我（　　）
10 （　　）無量

一貫・応変・怪奇・感慨・緩急・乾燥・喜色・絶後・日進・夢中

3 次の各文にまちがって使われている同じ読みの漢字が一字ある。上に誤字を、下に正しい漢字を記せ。

	誤	正
1 地震や火災に備えて、建物の非常口を確認することが習換になっている。	（　）	（　）
2 明治時代に活躍した文豪たちの自筆原稿や遺品が文学館に典示されている。	（　）	（　）
3 友人は穏やかな性格だが、熱い正義感の持ち主で周囲からも深頼されている。	（　）	（　）
4 自宅のベランダで、三脚に固定した望遠鏡を操作して星を勘測した。	（　）	（　）
5 音楽史をぬり替えた偉大な作曲家の軌績をたどって、彼の生家を訪れた。	（　）	（　）

4 次の――線のカタカナを漢字に直せ。

1 カンキュウをつけた投球だ。（　）
2 不動産を売却してお金にカえる。（　）
3 国が中小キギョウを支援する。（　）
4 聞き手の注意をカンキする。（　）
5 気分テンカンに公園へ行った。（　）
6 ただ一人ユウカンに立ち上がる。（　）
7 祖父の三回キの供養《くよう》をした。（　）
8 事業がキドウに乗り始めた。（　）
9 日ごとに寒さがユルんできた。（　）
10 ひらがなを漢字にヘンカンする。（　）
11 会社の設立をクワダてている。（　）
12 人気俳優が主演のシバイを見た。（　）

13 チノみ子を連れて帰省する。（　）
14 法律に従って罪をサバく。（　）
15 島にはキョダイな石像がある。（　）
16 カれ木も山のにぎわい。（　）
17 別れのカンショウに浸る。（　）
18 大量得点で敵にカンショウする。（　）
19 二度としないようくぎをサした。（　）
20 単純作業にいや気がサした。（　）
21 矢印は頂上をサしている。（　）
22 おみくじでキョウを引いた。（　）
23 仏前で僧がキョウをあげる。（　）
24 場のキョウに乗って踊り出す。（　）

使い分けよう！ さす【差・指・刺】
差す…例 かさを差す　光が差す　（かざす・さしはさむ）
指す…例 目的地を指す　針が北を指す　（それだと定めて示す）
刺す…例 刀で刺す　舌を刺す味　（つき通す）

ステップ 6

漢字	読み	画数	部首	部首名	漢字の意味	用例	筆順
既	音 キ／訓 すで(に)	10	旡	なし・ぶ・すでのつくり	すでに・もはや・なくなる・つきる	既刊《きかん》・既婚《きこん》・既成《きせい》・既製《きせい》・既存《きそん》《きぞん》・既知《きち》・既定《きてい》・皆既《かいき》	
棋	音 キ／訓 —	12	木	きへん	将棋・碁《ご》・すごろくのこま	棋界《きかい》・棋士《きし》・棋道《きどう》・棋譜《きふ》・棋力《きりょく》・将棋《しょうぎ》	4・9
棄	音 キ／訓 —	13	木	き	すてる・しりぞける	棄却《ききゃく》・棄権《きけん》・遺棄《いき》・自暴自棄《じぼうじき》・投棄《とうき》・破棄《はき》・放棄《ほうき》	2・8・13
騎	音 キ／訓 —	18	馬	うまへん	馬に乗る・馬に乗った兵士	騎虎《きこ》・騎手《きしゅ》・騎馬《きば》・騎兵《きへい》・一騎討《いっきう》ち・一騎当千《いっきとうせん》・単騎《たんき》	5・10・13・17
欺	音 ギ／訓 あざむ(く)	12	欠	あくび・かける	あざむく・だます	詐欺《さぎ》	5・8
犠	音 ギ／訓 —	17	牛	うしへん	神に供える動物・いけにえ	犠牲《ぎせい》・犠牲者《ぎせいしゃ》・犠打《ぎだ》	2・8・10・12
菊	音 キク／訓 —	11	艹	くさかんむり	きく・古くから栽培《さいばい》される多年草	菊人形《きくにんぎょう》・春菊《しゅんぎく》・白菊《しらぎく》・野菊《のぎく》	3
吉	音 キチ・キツ／訓 —	6	口	くち	よい・めでたい・さいわい	吉日《きちじつ》・吉例《きちれい》・大吉《だいきち》・吉凶《きっきょう》・吉凶禍福《きっきょうかふく》・吉祥《きっしょう》・吉報《きっぽう》・不吉《ふきつ》	

ステップ 6

練習問題

1	/24
2	/10
3	/10
4	/24

月　日

1 次の――線の漢字の読みをひらがなで記せ。

1 待ちかねていた吉報が届いた。（　）
2 老人をねらう詐《さ》欺が横行する。（　）
3 大会への出場を直前で棄権する。（　）
4 既定の方針で計画を進める。（　）
5 不要な書類を全て破棄する。（　）
6 騎兵を先頭に行進する。（　）
7 昼を欺くような月の光だ。（　）
8 菊人形の美しさに感動を覚える。（　）
9 利便性を犠牲《せい》にして装飾に凝《こ》る。（　）
10 おみくじで大吉を引いた。（　）
11 馬上で騎手が歓声にこたえる。（　）
12 異議を申し立てたが棄却された。（　）
13 討論会は既に始まっていた。（　）
14 この町内には既婚の人が多い。（　）
15 幼い時に将棋を教わった。（　）
16 初夢で一年の吉凶を占う。（　）
17 墓の周りには野菊が咲いていた。（　）
18 妹が突拍子もないことを言った。（　）
19 山中で連日吹雪に見舞われた。（　）
20 いつまでも名残は尽きない。（　）
21 皿を割ったのは故意ではない。（　）
22 故あって長年勤めた会社を辞めた。（　）
23 大雨で建物の床下まで浸水した。（　）
24 冷たい清流に手を浸す。（　）

2 次の漢字の部首をア〜エから一つ選び、記号で記せ。

1 冠（ア寸　イ二　ウ冖　エ儿）（　　）
2 敢（ア工　イ目　ウ耳　エ攵）（　　）
3 既（ア日　イ旡　ウ儿　エ厶）（　　）
4 騎（ア大　イ灬　ウ馬　エ口）（　　）
5 欺（ア二　イ甘　ウ八　エ欠）（　　）
6 罰（ア言　イ罒　ウ亅　エ刂）（　　）
7 菊（ア米　イ勹　ウ木　エ艹）（　　）
8 吉（ア一　イ十　ウ口　エ士）（　　）
9 奇（ア大　イ一　ウ丶　エ口）（　　）
10 臨（ア工　イ口　ウ匚　エ臣）（　　）

3 次の（　）内に入る適切な語を、後の［　］の中から選び、四字熟語を完成せよ。［　］の中の語は一度だけ使うこと。

1 自暴（　　）
2 悪戦（　　）
3 （　　）断行
4 （　　）当千
5 一件（　　）
6 用意（　　）
7 本末（　　）
8 （　　）万来
9 容姿（　　）
10 （　　）天外

一騎・奇想・苦闘・自棄・周到・熟慮・千客・端麗・転倒・落着

4 次の――線のカタカナを漢字に直せ。

1 相手をアザムいて先手を打った。（　）
2 キクの花を花びんに生ける。（　）
3 電車はスデに出てしまった。（　）
4 人気キシがタイトルを防衛した。（　）
5 大通りをキバ武者の行列が通る。（　）
6 土地の権利をホウキする。（　）
7 バッターのギダにより得点した。（　）
8 フキツな予感が脳裏《のうり》をかすめる。（　）
9 キセイ事実として受け入れる。（　）
10 毎朝ナットウを食べている。（　）
11 美術品のアツカいに注意する。（　）
12 ヒトジチが無事に解放された。（　）
13 相手にスナオな気持ちを伝える。（　）
14 腕のジョウミャクに注射した。（　）
15 所得の格差がイチジルしい。（　）
16 オオヤケの場で正式に発表する。（　）
17 思い立ったがキチジツ。（　）
18 午前中のコウスイ確率を調べる。（　）
19 ハンカチにコウスイを垂らす。（　）
20 父と母がコウゴにしゃべる。（　）
21 古典文学をコウゴ体で訳す。（　）
22 教室から体育館に机をウツす。（　）
23 鏡に姿をウツして洋服を選ぶ。（　）
24 黒板の字をノートにウツす。（　）

一騎当千（いっきとうせん）
「並外れて強いこと」という意味の言葉です。「一騎」は「馬に乗った一人の将兵」のこと、「当千」は「千に相当する」ということで、一人で千人の敵を相手に戦えるほど強いことを表します。「一人当千」ともいいます。

ステップ 1-6

力だめし

第1回

総得点 ／100

評価

A

80点 B

75点 C

70点 D

60点 E

月　日

1 次の――線の漢字の読みをひらがなで記せ。

1×10 ／10

1 西欧の影響を多大に受けている。（　）
2 光栄にも宴席に招かれた。（　）
3 顔に殴られたようなあざがある。（　）
4 大きな魚をつり上げて悦に入る。（　）
5 週末は繁華街へ買い物に行く。（　）
6 数年間、親に勘当されていた。（　）
7 引退後は平穏に過ごしている。（　）
8 波一つない穏やかな海だ。（　）
9 異業種への進出を企図する。（　）
10 新商品の開発を企てている。（　）

2 次の漢字の部首をア～エから一つ選び、記号で記せ。

1×10 ／10

1 威（ア 厂　イ 戈　ウ 二　エ 女）（　）
2 穫（ア 又　イ 禾　ウ 艹　エ 隹）（　）
3 餓（ア 人　イ 戈　ウ 弋　エ 飠）（　）
4 棋（ア 木　イ 甘　ウ 目　エ 八）（　）
5 貫（ア 一　イ 毋　ウ 目　エ 貝）（　）
6 犠（ア 牛　イ 羊　ウ 弋　エ 戈）（　）
7 勘（ア 目　イ 匚　ウ 力　エ 儿）（　）
8 岳（ア 一　イ 二　ウ ノ　エ 山）（　）
9 掛（ア ト　イ 土　ウ 扌　エ 十）（　）
10 企（ア 人　イ 止　ウ ト　エ 一）（　）

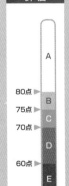

3 次の――線のカタカナを漢字一字と送りがな（ひらがな）に直せ。

〈例〉問題にコタエル。（答える）

1×10 ／10

1 名画を鑑賞して目をコヤス。
2 敵をアザムク計略を練る。
3 ユルヤカナ坂道が続いている。
4 提案に反対意見をトナエル。
5 入念に準備して発表会にノゾム。
6 微笑をタヤスことのない人だ。
7 ナグサメルように肩をたたいた。
8 票が大きくワレル結果となった。
9 あまりの怖さに気をウシナッた。
10 家族をヤシナウために働く。

4 次の――線のカタカナにあてはまる漢字をそれぞれのア～オから一つ選び、記号で記せ。

1×10 ／10

1 物語はカ境に入ってきた。
2 筋肉に負カをかける運動をする。
3 余カを生かして習いごとをする。
（ア 荷　イ 菓　ウ 佳　エ 暇　オ 箇）

4 米の収カク時期を迎える。
5 コレラの感染者をカク離する。
6 物の大まかな輪カクをとらえる。
（ア 獲　イ 較　ウ 穫　エ 隔　オ 郭）

7 今週の天気のガイ況を確かめた。
8 道徳心の低下をガイ嘆する。
9 当ガイ官庁への申告を済ませる。
10 ガイ頭で募金《ぼきん》を呼びかける。
（ア 慨　イ 街　ウ 該　エ 外　オ 概）

5 熟語の構成のしかたには次のようなものがある。

1×10 ／10

ア 同じような意味の漢字を重ねたもの（岩石）
イ 反対または対応の意味を表す字を重ねたもの（高低）
ウ 上の字が下の字を修飾しているもの（洋画）
エ 下の字が上の字の目的語・補語になっているもの（着席）
オ 上の字が下の字の意味を打ち消しているもの（非常）

次の熟語は右のア～オのどれにあたるか、一つ選び、記号で記せ。

1 後悔（　）
2 山岳（　）
3 吉凶（　）
4 概観（　）
5 換金（　）
6 隔世（　）
7 存亡（　）
8 悦楽（　）
9 未決（　）
10 怪獣（　）

6 後の□内のひらがなを漢字に直して（　）に入れ、対義語・類義語を作れ。□内のひらがなは一度だけ使い、漢字一字を記せ。

1×10 ／10

対義語

1 歓喜―（　）哀
2 新鋭―古（　）
3 概略―（　）細
4 軽率―慎（　）
5 実在―（　）空

類義語

6 手腕―（　）量
7 閉口―（　）惑
8 通行―（　）来
9 永遠―恒（　）
10 熱狂―興（　）

おう・か・ぎ・きゅう・ごう・こん・しょう・ちょう・ひ・ふん

7

次の（　）内に入る適切な語を、後の[　]の中から選び、四字熟語を完成せよ。[　]の中の語は一度だけ使うこと。

2×10　／20

1 金城（　　）
2 （　　）葬祭《そうさい》
3 二人（　　）
4 （　　）不断
5 （　　）放語
6 自暴（　　）
7 明鏡（　　）
8 円転（　　）
9 （　　）回生
10 （　　）東風

滑脱・冠婚・起死・三脚・自棄・止水・鉄壁・馬耳・漫言・優柔

8

次の――線のカタカナを漢字に直せ。

2×10　／20

1 小売りは**オロシ**売りよりも高い。（　　）
2 医師団は**サイゼン**を尽くした。（　　）
3 **オウカン**は権威を象徴していた。（　　）
4 病院で**ハイエン**と診断《しんだん》された。（　　）
5 客が**ワレサキ**にと押し寄せた。（　　）
6 **キセイ**服だが彼によく似合った。（　　）
7 世間の**フウチョウ**に逆らう。（　　）
8 **オクバ**を強くかみしめる。（　　）
9 一家の財布のひもを**ニギ**る。（　　）
10 青春時代を**ツイオク**する。（　　）

漢字	読み	画数	部首	部首名	漢字の意味	用例
喫	音 キツ 訓 ―	12	口	くちへん	たべる・のむ・すう	喫煙《きつえん》・喫茶《きっさ》・喫茶店《きっさてん》・満喫《まんきつ》・敗北《はいぼく》を喫《きっ》する
虐	音 ギャク 訓 しいた(げる)高	9	虍	とらがしら とらかんむり	むごくあつかう・しいたげる・そこなう	虐殺《ぎゃくさつ》・虐政《ぎゃくせい》・虐待《ぎゃくたい》・残虐《ざんぎゃく》・自虐《じぎゃく》・暴虐《ぼうぎゃく》
虚	音 キョ コ高 訓 ―	11	虍	とらがしら とらかんむり	むなしい・うそ・悪い心がない・からにする	虚栄《きょえい》・虚構《きょこう》・虚実《きょじつ》・虚弱《きょじゃく》・虚像《きょぞう》・空虚《くうきょ》・謙虚《けんきょ》・虚空《こくう》
峡	音 キョウ 訓 ―	9	山	やまへん	はざま・たにあい・細長くせまい所	峡谷《きょうこく》・海峡《かいきょう》・山峡《さんきょう》・地峡《ちきょう》
脅	音 キョウ 訓 おびや(かす)高 おど(す) おど(かす)	10	肉	にく	こわがらせる	脅威《きょうい》・脅迫《きょうはく》・脅《おど》し文句《もんく》
凝	音 ギョウ 訓 こ(る) こ(らす)	16	冫	にすい	こる・かたまる・心を一つにする	凝血《ぎょうけつ》・凝結《ぎょうけつ》・凝固《ぎょうこ》・凝視《ぎょうし》・凝縮《ぎょうしゅく》・凝《こ》り性《しょう》・肩凝《かたこ》り
斤	音 キン 訓 ―	4	斤	きん	尺貫法の重さの単位・まさかり・おの	斤量《きんりょう》・一斤《いっきん》
緊	音 キン 訓 ―	15	糸	いと	固くしめる・さしせまる・きびしい	緊急《きんきゅう》・緊縮《きんしゅく》・緊張《きんちょう》・緊迫《きんぱく》・緊密《きんみつ》
愚	音 グ 訓 おろ(か)	13	心	こころ	まぬけ・ばかなこと・へりくだる意味を表す	愚痴《ぐち》・愚直《ぐちょく》・愚問《ぐもん》・愚弄《ぐろう》・暗愚《あんぐ》・賢愚《けんぐ》・愚《おろ》かな行為《こうい》

ステップ 7

練習問題

1	/24
2	/6
3	/10
4	/24

月　日

1 次の——線の漢字の読みをひらがなで記せ。

1 失敗して自虐的な気分になる。
2 空虚な議論が続いて閉口した。
3 古都の秋を満喫してきた。
4 相手の脅し文句に強く抵抗した。
5 大気中で水分が凝結し霧となる。
6 緊密に連絡を取って関係を保つ。
7 愚かな言動を深く反省する。
8 残虐な手口の事件が報道された。
9 祖父は五年前に喫煙をやめた。
10 相手の虚に乗じて勝ちを得た。
11 脅迫に断固として屈しない。
12 細かい針仕事で肩が凝った。
13 山峡を縫《ぬ》って列車が走っている。
14 食パンを一斤買ってきた。
15 暗愚な主君に仕えて苦労した。
16 ライバルと記録を競い合う。
17 親しい友人の家を訪れる。
18 昔、この場所で戦が行われた。
19 待ち合わせに五分遅刻する。
20 寄り道をして帰りが遅くなる。
21 全員を説得するのは至難の業だ。
22 町の至る所にはり紙がしてある。
23 彼は長い沈黙の後に話し出した。
24 沈む夕日で海は赤く染まった。

2 次の〔　〕から類義語の関係になる組み合わせを一組選び、記号で記せ。

1 〔ア 架設　イ 架空　ウ 虚構　エ 虚無〕（　　）
2 〔ア 基盤　イ 基地　ウ 底辺　エ 根底〕（　　）
3 〔ア 応急　イ 緊急　ウ 救急　エ 至急〕（　　）
4 〔ア 帰省　イ 帰郷　ウ 自省　エ 望郷〕（　　）
5 〔ア 徳用　イ 便利　ウ 必要　エ 重宝〕（　　）
6 〔ア 独自　イ 独占　ウ 特有　エ 専念〕（　　）

3 次の――線のカタカナ「カン」をそれぞれ異なる漢字に直せ。

1 世論を**カン**起する事件が起きた。（　　）
2 一部の地域に避難を**カン**告する。（　　）
3 今後は両国間の緊張**カン**和を図る。（　　）
4 妹は交**カン**留学生として渡米した。（　　）
5 これくらいで**カン**弁してほしい。（　　）
6 大雨で田畑が**カン**水した。（　　）
7 アルバムを見て**カン**慨にふける。（　　）
8 研究の一**カン**として稲を育てる。（　　）
9 街の中心部を**カン**通する道路だ。（　　）
10 制止を振り切り出発を**カン**行する。（　　）

4 次の――線のカタカナを漢字に直せ。

1 工夫を**コ**らした独創的な作品だ。
2 戦争の**キョウイ**にさらされる。
3 一**キン**の食パンを六枚に切る。
4 **グチョク**で気がきかない人だ。
5 血液の**ギョウコ**を防ぐ薬を飲む。
6 **カイキョウ**を船が行き来する。
7 児童**ギャクタイ**を防止する。
8 駅前の**キッサ**店で待ち合わせる。
9 以前は**キョジャク**体質だった。
10 弟を**オド**かしてからかう。
11 **オロ**かな言動を重ねてしまった。
12 **キンキュウ**事態で出勤する。
13 兄は**ゲンエキ**で大学に合格した。
14 それは**キジョウ**の空論だ。
15 **アワ**い期待を抱いて結果を待つ。
16 予想外の苦戦を**シ**いられた。
17 **サイフ**から小銭を取り出す。
18 都会を離れて**イナカ**で暮らす。
19 人生の重大な**キロ**に立つ。
20 全ての予定を終えて**キロ**に就く。
21 空港で**ゲンカイ**体制が敷かれる。
22 自分の能力に**ゲンカイ**を感じる。
23 プレゼントはとても気に**イ**った。
24 参加には保護者の承諾《しょうだく》が**イ**る。

使い分けよう！ **こうかん【交換・交歓】**
交換…例 部品を交換する 物物交換
(取りかえる)
交歓…例 両国の学生が交歓する 交歓音楽会
(ともに打ち解けて楽しむ)

ステップ 8

漢字	読み	画数	部首	部首名	漢字の意味	用例	筆順
偶	音 グウ　訓 —	11	亻	にんべん	たまたま・対《つい》になる・人形・二で割り切れる	偶数《ぐうすう》・偶然《ぐうぜん》・偶像《ぐうぞう》・偶発《ぐうはつ》・土偶《どぐう》・配偶者《はいぐうしゃ》	偶[2] 偶 偶 偶 偶 偶 偶 偶 偶 偶
遇	音 グウ　訓 —	12	辶	しんにょう しんにゅう	でくわす・もてなす・めぐりあわせ	奇遇《きぐう》・境遇《きょうぐう》・処遇《しょぐう》・遭遇《そうぐう》・待遇《たいぐう》・不遇《ふぐう》・優遇《ゆうぐう》・冷遇《れいぐう》	遇[2] 遇[4] 遇 遇 遇 遇 遇 遇 遇 遇
刑	音 ケイ　訓 —	6	刂	りっとう	おきて・法律・罰する	刑期《けいき》・刑事《けいじ》・刑罰《けいばつ》・刑法《けいほう》・求刑《きゅうけい》・極刑《きょっけい》・減刑《げんけい》・処刑《しょけい》	刑 刑 刑 刑 刑 刑
契	音 ケイ　訓 ちぎ(る) 高	9	大	だい	約束を結ぶ・割り印	契印《けいいん》・契機《けいき》・契約《けいやく》・黙契《もっけい》	契 契 契 契 契 契 契 契 契
啓	音 ケイ　訓 —	11	口	くち	教えみちびく・申し上げる・ひらく	啓示《けいじ》・啓上《けいじょう》・啓発《けいはつ》・拝啓《はいけい》	啓 啓 啓 啓 啓[6] 啓 啓 啓 啓 啓
掲	音 ケイ　訓 かか(げる)	11	扌	てへん	高くかかげる・からげる・になう	掲載《けいさい》・掲示《けいじ》・掲揚《けいよう》・前掲《ぜんけい》	掲 掲 掲 掲 掲 掲[7] 掲 掲 掲 掲
携	音 ケイ　訓 たずさ(える) たずさ(わる)	13	扌	てへん	手に持つ・手をつなぐ	携行《けいこう》・携帯《けいたい》・提携《ていけい》・必携《ひっけい》・連携《れんけい》	携[3] 携 携 携 携 携 携[10] 携 携 携
憩	音 ケイ　訓 いこ(い) いこ(う) 高	16	心	こころ	やすむ・いこう	休憩《きゅうけい》・小憩《しょうけい》・少憩《しょうけい》	憩 憩 憩 憩 憩[6] 憩 憩 憩[12] 憩[14] 憩[16]

ステップ 8 練習問題

1	/24
2	/10
3	/5
4	/24

月　日

1 次の――線の漢字の読みをひらがなで記せ。

1 途中で一度小憩する予定だ。
2 啓発されるところの多い本だ。
3 よい配偶者を得て幸せに暮らす。
4 入院を契機に父は飲酒をやめた。
5 国旗を掲げた旗手に選手が続く。
6 新しい職場の待遇に満足する。
7 二人の刑事が被疑者を尾行する。
8 夏休みに土産を携えて帰省した。
9 この公園は市民の憩いの場だ。
10 自作の俳句が雑誌に掲載された。
11 師の言葉は天の啓示のようだ。
12 駅前で偶然友人に会った。
13 地域と学校の連携が求められる。
14 減刑を求める嘆願書を提出した。
15 入荷した商品を店頭に並べる。
16 くつ下を脱いで素足で過ごした。
17 努力は必ず報われるだろう。
18 子が健やかに育つことを願う。
19 戦略を転換する必要がある。
20 品物と代金を引き換える。
21 ジェットコースターで絶叫する。
22 差別反対の主張を叫ぶ。
23 自身にかけられた疑惑を晴らす。
24 今さら逃げ惑っても仕方がない。

2 次の漢字が下の（　）に入る漢字を修飾するよう、後の□の中から選び、熟語を作れ。□の中の漢字は一度だけ使うこと。

1 佳（　）
2 虚（　）
3 既（　）
4 愚（　）
5 必（　）
6 概（　）
7 祝（　）
8 栄（　）
9 書（　）
10 遠（　）

宴・架・冠・境・携・算・征・像・知・問

3 1〜5の三つの□に共通する漢字を入れて熟語を作れ。漢字はア〜コから一つ選び、記号で記せ。

1 極□・□罰・処□　（　）
2 遺□・投□・□権　（　）
3 奇□・境□・優□　（　）
4 □縮・□迫・□張　（　）
5 □発・土□・□数　（　）

ア 緊　イ 偶　ウ 既　エ 凝　オ 棄
カ 型　キ 討　ク 刑　ケ 愚　コ 遇

4 次の――線のカタカナを漢字に直せ。

1 理想を**カカ**げて常に努力する。
2 長年、政治に**タズサ**わってきた。
3 会社と秘密保持**ケイヤク**を結ぶ。
4 **キュウケイ**時間に読書を楽しむ。
5 **グウスウ**月に発行される雑誌だ。
6 重い**ケイバツ**が科せられた。
7 **ケイジ**板にポスターをはる。
8 役員としての**ショグウ**を受ける。
9 名刺を必ず**ケイコウ**している。
10 **イコ**いのひとときを過ごす。
11 **ハイケイ**、秋冷の候となりました。
12 **ユエ**なき中傷に苦しめられた。
13 ひたすら学問に**ショウジン**する。
14 **サッソク**仕事に取りかかる。
15 **ココチ**よい音楽が流れている。
16 実力で彼に**マサ**る者はいない。
17 白鳥が**ツバサ**を広げて飛び立つ。
18 提案は委員会で**キャッカ**された。
19 もぎたての**モモ**を食べる。
20 **アヤマ**った漢字を書き改める。
21 友人に**アヤマ**って仲直りした。
22 **シボウ**の多い食品を控《ひか》える。
23 **シボウ**する大学に合格した。
24 事故による**シボウ**率を調べる。

使い分けよう！ **あやまる【謝・誤】**
謝る…例 無礼な物言いを謝る 手をついて謝る （わびる）
誤る…例 道を誤る 人選を誤る （まちがう）

漢字	読み	画数	部首	部首名	漢字の意味	用例	筆順
鶏	音 ケイ 訓 にわとり	19	鳥	とり	ニワトリ	鶏口牛後《けいこうぎゅうご》・鶏舎《けいしゃ》・鶏卵《けいらん》・闘鶏《とうけい》・陶犬瓦鶏《とうけんがけい》・養鶏《ようけい》	鶏4 鶏6 鶏 鶏 鶏10 鶏 鶏13 鶏 鶏 鶏19
鯨	音 ゲイ 訓 くじら	19	魚	うおへん	クジラ・大きいもののたとえ	鯨飲《げいいん》・鯨飲馬食《げいいんばしょく》・鯨油《げいゆ》・捕鯨《ほげい》	鯨 鯨 鯨4 鯨 鯨7 鯨11 鯨13 鯨16 鯨 鯨19
倹	音 ケン 訓 ――	10	亻	にんべん	つつましい・むだをはぶく・すくない	倹素《けんそ》・倹約《けんやく》・勤倹《きんけん》・節倹《せっけん》	倹 倹 倹 倹 倹 倹 倹 倹 倹 倹
賢	音 ケン 訓 かしこ(い)	16	貝	かい こがい	かしこい・すぐれた人・相手に対する敬称	賢愚《けんぐ》・賢察《けんさつ》・賢人《けんじん》・賢明《けんめい》・諸賢《しょけん》・聖賢《せいけん》・先賢《せんけん》	賢 賢 賢6 賢 賢 賢 賢 賢 賢14 賢16
幻	音 ゲン 訓 まぼろし	4	幺	よう いとがしら	まぼろし・まどわす	幻影《げんえい》・幻覚《げんかく》・幻想《げんそう》・幻滅《げんめつ》・幻惑《げんわく》・変幻自在《へんげんじざい》・夢幻《むげん》	幻 幻 幻 幻
孤	音 コ 訓 ――	9	子	こへん	みなしご・ひとり	孤軍奮闘《こぐんふんとう》・孤高《ここう》・孤城落日《こじょうらくじつ》・孤島《ことう》・孤独《こどく》・孤立《こりつ》	孤 孤 孤 孤 孤 孤 孤 孤 孤
弧	音 コ 訓 ――	9	弓	ゆみへん	ゆみ・弓なりに曲がった線	弧状《こじょう》・括弧《かっこ》・弧《こ》を描《えが》いて飛《と》ぶ	弧 弧 弧 弧 弧 弧 弧 弧 弧
雇	音 コ 訓 やと(う)	12	隹	ふるとり	やとう	雇員《こいん》・雇用《こよう》・解雇《かいこ》・雇《やと》い主《ぬし》・日雇《ひやと》い・臨時雇《りんじやと》い	雇 雇 雇 雇 雇6 雇 雇 雇 雇11 雇

ステップ 9

練習問題

1	／24
2	／10
3	／10
4	／24

月　日

1 次の――線の漢字の読みをひらがなで記せ。

1 もっと賢い解決方法を考える。

2 この地は古くから闘鶏が盛んだ。

3 鯨が泳ぎながら潮を吹いた。

4 若い時から勤倹を心掛けてきた。

5 幻想的な色調を好む画家だ。

6 世俗を離れ孤高の精神を保つ。

7 人手不足でアルバイトを雇った。

8 内情はご賢察の通りです。

9 鯨飲馬食は慎むべきだ。

10 幻の名画が美術館で公開される。

11 球は弧を描いて観覧席に達した。

12 景気が回復して雇用が増加する。

13 人は外見に幻惑されがちである。

14 我が家の鶏は毎朝卵を産む。

15 強引なやり方で反発を招いた。

16 雑誌をひもでしっかり結わえる。

17 忙しくて座る間もない。

18 我が家では日常茶飯事の光景だ。

19 大輪の真紅のバラが咲いた。

20 彼女は口紅を薄くつけている。

21 全身をばねにして高く跳躍する。

22 池の中から魚が跳ね上がる。

23 犯人は国外に逃走した。

24 彼は最初から逃げ腰だった。

2 次のAとBの漢字を一字ずつ組み合わせて二字の熟語を作れ。Bの漢字は必ず一度だけ使う。また、AとBどちらの漢字が上でもよい。

A
1 滑
2 栄
3 孤
4 提
5 勘
6 嘆
7 谷
8 幻
9 舎
10 賢

B
華 峡 円 携 先
定 詠 島 影 鶏

1 （　）
2 （　）
3 （　）
4 （　）
5 （　）
6 （　）
7 （　）
8 （　）
9 （　）
10 （　）

3 次の――線のカタカナ「キ」をそれぞれ異なる漢字に直せ。

1 遺産の相続権を放キするつもりだ。（　）
2 消毒用アルコールはキ発性だ。（　）
3 外資系のキ業に就職する。（　）
4 落馬したがキ跡的に無傷だった。（　）
5 強豪同士の一キ討ちとなる。（　）
6 キ気迫る演技に圧倒された。（　）
7 囲碁《いご》のプロキ士として活躍する。（　）
8 キ存の設備を改修して使用する。（　）
9 ロケットの飛ぶキ道を計算する。（　）
10 身内の不幸で学校をキ引きした。（　）

4 次の——線のカタカナを漢字に直せ。

1 実家は**ヨウケイ**業を営んでいる。（　　）
2 世の中を**カシコ**く立ち回る。（　　）
3 **ホゲイ**問題について調べる。（　　）
4 高熱に浮かされ**ゲンカク**を見る。（　　）
5 ガイドを**ヤト**って観光した。（　　）
6 夜明けに**ニワトリ**が時を告げる。（　　）
7 **ケンヤク**して貯蓄にはげむ。（　　）
8 登頂の中止は**ケンメイ**な判断だ。（　　）
9 **クジラ**は海にすむ哺乳《ほにゅう》類だ。（　　）
10 **マボロシ**のように消えた。（　　）
11 ひとしきり**コドク**に浸った。（　　）
12 大勢の労働者が**カイコ**された。（　　）

13 コンパスを使って**コ**を描く。（　　）
14 優れた作品に賞を**サズ**ける。（　　）
15 責任をとって会社を**ヤ**めた。（　　）
16 人目を気にして**テイサイ**を繕《つくろ》う。（　　）
17 **ム**し暑くて寝苦しい夜だ。（　　）
18 もはや**バンサク**尽き果てた。（　　）
19 敵の攻撃を受けて**シリゾ**く。（　　）
20 事件は大きななぞを**ヒ**めている。（　　）
21 中東を**ケイユ**して西欧へ行く。（　　）
22 **ケイユ**の価格が上がる。（　　）
23 かばんを手に**サ**げて家を出た。（　　）
24 謝罪して深々と頭を**サ**げた。（　　）

孤城落日（こじょうらくじつ）
「零落《れいらく》して昔の勢いを失い、助けもなく心細いさま」を表す四字熟語です。「孤城」は「援軍もなく一つ残された城」、「落日」は「西に傾く夕日」を表し、没落《ぼつらく》に向かう状態をたとえています。「古城落日」と書き誤らないように注意しましょう。

ステップ 10

漢字	読み	画数	部首	部首名	漢字の意味	用例	筆順
顧	音 コ／訓 かえり(みる)	21	頁	おおがい	ふり返ってみる・心にかける	顧客《こきゃく》・顧問《こもん》・顧慮《こりょ》・愛顧《あいこ》・回顧《かいこ》・後顧《こうこ》・三顧《さんこ》の礼《れい》	3 6 8 12 14 16 19 21
娯	音 ゴ／訓 —	10	女	おんなへん	たのしむ・たのしみ	娯楽《ごらく》	
悟	音 ゴ／訓 さと(る)	10	忄	りっしんべん	はっきりと知る・さとる	悟性《ごせい》・悟道《ごどう》・悔悟《かいご》・覚悟《かくご》	
孔	音 コウ／訓 —	4	子	こへん	あな・通る・「孔子《こうし》」のこと	眼孔《がんこう》・気孔《きこう》・通気孔《つうきこう》・瞳孔《どうこう》・鼻孔《びこう》	
巧	音 コウ／訓 たく(み)	5	エ	たくみへん	じょうずなこと	巧言令色《こうげんれいしょく》・巧拙《こうせつ》・巧遅《こうち》・巧妙《こうみょう》・技巧《ぎこう》・精巧《せいこう》・悪巧《わるだく》み	
甲	音 コウ カン／訓 —	5	田	た	よろい・かたいから・一番目・邦楽《ほうがく》で高い音	甲乙《こうおつ》・甲殻《こうかく》・甲羅《こうら》・甲高《かんだか》い・甲板《かんぱん》・手《て》の甲《こう》	
坑	音 コウ／訓 —	7	土	つちへん	地下にほったあな	坑道《こうどう》・坑内《こうない》・炭坑《たんこう》・廃坑《はいこう》	
拘	音 コウ／訓 —	8	扌	てへん	とらえる・こだわる・とどめる	拘引《こういん》・拘禁《こうきん》・拘束《こうそく》・拘置《こうち》・拘泥《こうでい》・拘留《こうりゅう》	
郊	音 コウ／訓 —	9	阝	おおざと	まちはずれ	郊外《こうがい》・近郊《きんこう》	

練習問題

1	/24
2	/5
3	/6
4	/24

月　日

1 次の——線の漢字の読みをひらがなで記せ。

1 祖父の学生時代の回顧談を聞く。（　）
2 反省して悔悟の涙を流した。（　）
3 悪巧みを見破って難を逃れる。（　）
4 二人の力量は甲乙つけがたい。（　）
5 部屋の壁に通気孔をあける。（　）
6 相手の意向を顧慮して決定する。（　）
7 仏の教えの真理を悟る。（　）
8 技巧を駆使した作品が目立つ。（　）
9 ツルは甲高く鳴いて飛び立った。（　）
10 都市の近郊で野菜を作っている。（　）
11 落盤事故で炭坑が閉鎖された。（　）
12 彼は後ろを顧みずに立ち去った。（　）
13 拘留は三日に及んだ。（　）
14 娯楽番組に出演して人気が出た。（　）
15 仮病を使ってさそいを断る。（　）
16 役人の不正が暴露された。（　）
17 長年の経験に基づいて判断する。（　）
18 待てば海路の日和あり。（　）
19 休暇を取って旅行に出かけた。（　）
20 暇に飽《あ》かして一日ネコと遊んだ。（　）
21 雑草が一面に繁茂している。（　）
22 若葉が茂る季節が近付いてきた。（　）
23 警察から感謝状を授与される。（　）
24 その映画は人々に感動を与えた。（　）

2 次の各文にまちがって使われている同じ読みの漢字が一字ある。上に誤字を、下に正しい漢字を記せ。

誤　正

1 照明を落とした水族館で、さまざまな魚が泳ぎ回る現想的な光景を楽しむ。（　）（　）

2 民間企業が開発した惑星探査機は失敗を繰り返しつつもついに任務に成巧した。（　）（　）

3 演技力を高く評価された新進の舞台俳優が、受賞を恵機に一躍脚光を浴びた。（　）（　）

4 旅先では万一の場合に備えて、貴重品をはだ身離さず掲帯するべきである。（　）（　）

5 線路を高化にする工事が終わり、踏切事故の起きる危険性がなくなった。（　）（　）

3 次の〔　〕から対義語の関係になる組み合わせを一組選び、記号で記せ。

1 〔ア 反抗　イ 拘束　ウ 解放　エ 建設〕（　・　）

2 〔ア 掲示　イ 暗示　ウ 指示　エ 明示〕（　・　）

3 〔ア 都心　イ 下町　ウ 郊外　エ 郷土〕（　・　）

4 〔ア 穏健　イ 過激　ウ 温暖　エ 劇的〕（　・　）

5 〔ア 濃密　イ 濃度　ウ 薄弱　エ 希薄〕（　・　）

6 〔ア 省略　イ 細心　ウ 概要　エ 詳細〕（　・　）

4 次の――線のカタカナを漢字に直せ。

1 改革には相当のカクゴが必要だ。

2 投手はタクみに球をあやつる。

3 演劇部のコモンを引き受ける。

4 全てをサトったように話す。

5 手のコウに小さな虫がとまった。

6 密航者の身柄をコウソクする。

7 金を採掘したコウナイを見る。

8 花の香りがビコウをくすぐる。

9 ゴラクに使うお金を節約する。

10 家庭をカエリみる暇もない。

11 コウミョウな手口にだまされた。

12 船のカンパンに出て手を振った。

13 都心からコウガイに引っ越す。

14 メグまれた環境で勉強する。

15 ヒンケツ気味でめまいがする。

16 母はいつもエみを浮かべている。

17 山頂まではまだキョリがある。

18 入賞してメンボクを保った。

19 とんだシロモノをつかまされた。

20 大キボな開発計画を推し進める。

21 コウリツよく作業をこなす。

22 コウリツの学校に通っている。

23 この近海はシオの流れが速い。

24 魚にシオをまぶして焼く。

巧言令色（こうげんれいしょく）

『論語』に収められている言葉「巧言令色鮮《すく》なし仁」によっている四字熟語で、「愛想《あいそ》のよいことを言い、顔色をつくろって、人にこびへつらうこと」という意味です。『論語』では、このような態度の人には仁の心が欠けている、と述べられているのです。

ステップ 11

漢字	読み	画数	部首	部首名	漢字の意味	用例	筆順
控	音 コウ 高 訓 ひか(える)	11	扌	てへん	ひかえる・さしひく・申し立てる・告げる	控除《こうじょ》・控訴《こうそ》・控《ひか》え室《しつ》・控《ひか》え目《め》	5
慌	音 コウ 高 訓 あわ(てる) あわ(ただしい)	12	忄	りっしんべん	あわただしい・おそれる	恐慌《きょうこう》・慌《あわ》て者《もの》・大慌《おおあわ》て・慌《あわ》ただしい毎日《まいにち》	2, 6
硬	音 コウ 訓 かた(い)	12	石	いしへん	かたい・つよい	硬化《こうか》・硬貨《こうか》・硬式《こうしき》・硬質《こうしつ》・硬水《こうすい》・硬直《こうちょく》・硬軟《こうなん》・生硬《せいこう》	5
絞	音 コウ 高 訓 しぼ(る) し(める) し(まる)	12	糸	いとへん	くびる・しめる・しぼる	絞殺《こうさつ》・絞首《こうしゅ》・絞《しぼ》り染《ぞ》め・豆絞《まめしぼ》り	3, 6
綱	音 コウ 訓 つな	14	糸	いとへん	おおもと・大きな区分け・つな	綱領《こうりょう》・大綱《たいこう》・要綱《ようこう》・綱引《つなひ》き・綱渡《つなわた》り・命綱《いのちづな》	4, 6, 10
酵	音 コウ 訓 ―	14	酉	とりへん	発酵すること・酒のもと	酵素《こうそ》・酵母《こうぼ》・発酵《はっこう》	2, 5, 10
克	音 コク 訓 ―	7	儿	ひとあし にんにょう	打ち勝つ・じゅうぶんに行き届く	克服《こくふく》・克明《こくめい》・克己《こっき》・相克《そうこく》・超克《ちょうこく》	
獄	音 ゴク 訓 ―	14	犭	けものへん	ろうや・訴え	獄舎《ごくしゃ》・監獄《かんごく》・疑獄《ぎごく》・地獄《じごく》・脱獄《だつごく》・投獄《とうごく》	5, 7, 10

練習問題

1	/24
2	/10
3	/10
4	/24

月　日

1 次の――線の漢字の読みをひらがなで記せ。

1 今年の桜は慌ただしく散った。
2 自分の首を絞めるような行為だ。
3 ピエロが華麗に綱渡りをする。
4 塩分を控えた食事にしよう。
5 理性と感情とが相克している。
6 脱獄犯が空港で捕まった。
7 大慌てで旅行の支度をする。
8 友人を頼みの綱とする。
9 固く絞ったぞうきんで床をふく。
10 高校では硬式野球部に所属した。
11 新政党の綱領が公表された。
12 パンの製造に酵母は欠かせない。
13 若者の姿を克明に描いている。
14 ダイヤモンドは硬い鉱物だ。
15 みそは大豆を発酵させて造る。
16 初舞台の演技には生硬さが残る。
17 小銭を用意してバスに乗る。
18 沖でイルカの群れと出会った。
19 近くに小児科の医院ができた。
20 聞いて極楽、見て地獄。
21 部屋に新鮮な空気を入れる。
22 鮮やかな逆転勝利を決める。
23 床のひんやりした感触を味わう。
24 折に触れて故郷を思い出す。

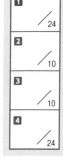

2 次の漢字と反対または対応する意味を表す漢字を、後の□から選んで（　）に入れ、熟語を作れ。□の中の漢字は一度だけ使うこと。

1 濃（　）
2 （　）急
3 （　）防
4 （　）給
5 呼（　）
6 出（　）
7 賢（　）
8 賞（　）
9 （　）実
10 （　）我

応・緩・虚・愚・攻・需・淡・納・罰・彼

3 次の（　）内に入る適切な語を、後の□の中から選び、四字熟語を完成せよ。□の中の語は一度だけ使うこと。

1 （　）集散
2 （　）自在
3 大器（　）
4 （　）直入
5 （　）一転
6 （　）千万
7 （　）未到
8 （　）令色
9 （　）息災
10 一挙（　）

巧言・笑止・心機・前人・単刀・晩成・変幻・無病・離合・両得

4 次の——線のカタカナを漢字に直せ。

1 **イノチヅナ**をつけてがけを登る。
2 寒さで筋肉が**コウチョク**する。
3 音量を**シボ**ってテレビを見る。
4 遅刻しそうになって**アワ**てた。
5 挙式を**ヒカ**え、準備に忙しい。
6 事業計画の**タイコウ**を発表する。
7 消化を助ける**コウソ**剤を飲む。
8 無実の罪で**トウゴク**される。
9 彼は**カタ**い表情で出番を待った。
10 難題を**コクフク**して完成させた。
11 政局は**アワ**ただしく動いた。
12 久々の再会に話は**ツ**きない。

13 部屋は**シダイ**に暖まってきた。
14 高い売り上げ実績を**ホコ**る。
15 彼女は役員**コウホ**の一人だ。
16 **ゲンカン**に立派な鏡を置く。
17 訪問先では温かく**ムカ**えられた。
18 チョウが花のみつを**ス**っている。
19 友人に弟を**ショウカイ**する。
20 在庫の有無を**ショウカイ**した。
21 **コ**えた土で野菜を育てる。
22 寒さも峠を**コ**え春めいてきた。
23 バイオリンでワルツを**ヒ**いた。
24 国語辞典を**ヒ**いて意味を調べる。

前人未到（ぜんじんみとう）
「前人」は「昔の人」の意で、「未到」は「いまだ行き着かないこと」の意ですから、「前人未到」は「今までにだれも到達した人がいないこと」という意味になります。
例…前人未到の大記録を達成した。

漢字	読み	画数	部首	部首名	漢字の意味	用例	筆順
恨	音 コン 訓 うら(む) うら(めしい)	9	忄	りっしんべん	うらむ・くやむ	遺恨《いこん》・怨恨《えんこん》・悔恨《かいこん》・痛恨《つうこん》・運命《うんめい》を恨《うら》む	恨 恨 恨 恨 恨 恨 恨 恨 恨
紺	音 コン 訓 ―	11	糸	いとへん	こんいろ	紺色《こんいろ》・紺青《こんじょう》・紺屋《こんや》《こうや》・紫紺《しこん》・濃紺《のうこん》	紺 紺 紺 紺 紺6 紺 紺 紺 紺 紺
魂	音 コン 訓 たましい	14	鬼	おに	たましい・こころ・気持ち	魂胆《こんたん》・商魂《しょうこん》・精魂《せいこん》・鎮魂《ちんこん》・闘魂《とうこん》・霊魂《れいこん》	魂2 魂 魂 魂6 魂 魂 魂 魂 魂12 魂14
墾	音 コン 訓 ―	16	土	つち	たがやす・田畑をひらく	墾田《こんでん》・開墾《かいこん》	墾4 墾 墾7 墾10 墾 墾 墾 墾 墾 墾
債	音 サイ 訓 ―	13	亻	にんべん	借りたお金・貸したお金・「債券」の略	債券《さいけん》・債権《さいけん》・債務《さいむ》・公債《こうさい》・国債《こくさい》・社債《しゃさい》・負債《ふさい》	債2 債 債 債 債 債 債 債10 債 債13
催	音 サイ 訓 もよお(す)	13	亻	にんべん	うながす・もよおす・自然とそうなる	催促《さいそく》・催眠《さいみん》・催涙《さいるい》・開催《かいさい》・共催《きょうさい》・主催《しゅさい》	催2 催 催5 催 催 催 催 催 催12 催
削	音 サク 訓 けず(る)	9	刂	りっとう	けずる・へらす	削減《さくげん》・削除《さくじょ》・掘削《くっさく》・添削《てんさく》・粗削《あらけず》り	削 削 削 削 削 削 削 削 削
搾	音 サク 高 訓 しぼ(る)	13	扌	てへん	強くしめつける・しぼる	搾取《さくしゅ》・圧搾《あっさく》・搾《しぼ》りかす・搾《しぼ》り汁《じる》・乳搾《ちちしぼ》り	搾 搾 搾 搾5 搾 搾8 搾10 搾 搾 搾

ステップ 12

練習問題

1	/24
2	/10
3	/10
4	/24

月　日

1 次の――線の漢字の読みをひらがなで記せ。

1 短期間でトンネルを掘削した。
2 満腹になり、眠気を催した。
3 苦労して開墾した田畑を守る。
4 夢にまで見た紫紺の優勝旗だ。
5 彼の商魂が店を大きくした。
6 債権者が支払いを求めてきた。
7 新聞社が展覧会を主催する。
8 先生に論文を添削してもらった。
9 一品一品精魂込めて料理を作る。
10 恨めしそうに窓の外をながめた。
11 分割して債務を返済する。
12 市と共催して祭りを行った。
13 カッターナイフで鉛筆を削る。
14 毎朝、母は牛舎で乳を搾る。
15 とうとう遺恨を晴らす時が来た。
16 客の注文に速やかに対応する。
17 境内の木々が紅葉して美しい。
18 敵の退路を断つ戦法に出た。
19 列車は程なく東京駅に着く。
20 三つ子の魂百まで。
21 機内に臨時ニュースが流れた。
22 これから重要な会議に臨む。
23 皆、宿敵の打倒に燃えている。
24 強風で店の看板が倒れた。

2 次の――線のカタカナ「ケイ」をそれぞれ異なる漢字に直せ。

1 先輩の話に大いに**ケイ**発された。（　）
2 王位**ケイ**承の儀式を執り行う。（　）
3 案内書には筆記用具必**ケイ**とある。（　）
4 私小説の**ケイ**統に属する作品だ。（　）
5 最近の若者の**ケイ**向を分析《ぶんせき》する。（　）
6 新聞に写真が大きく**ケイ**載された。（　）
7 彼の地道な努力には**ケイ**服する。（　）
8 **ケイ**事事件の真相を調べる。（　）
9 お茶を飲みながら休**ケイ**する。（　）
10 退職を**ケイ**機に田舎に移り住む。（　）

3 後の［　］内のひらがなを漢字に直して（　）に入れ、対義語・類義語を作れ。［　］内のひらがなは一度だけ使い、漢字一字を記せ。

対義語

1 緩慢―（　）速
2 極楽―地（　）
3 添加―（　）除
4 事実―（　）構
5 賢明―暗（　）

類義語

6 借金―負（　）
7 警護―護（　）
8 克明―（　）念
9 企図―計（　）
10 強硬―強（　）

いん・えい・かく・きょ・ぐ・ごく・さい・さく・たん・びん

4 次の——線のカタカナを漢字に直せ。

1 **タマシイ**のこもった歌声が響く。
2 経費の**サクゲン**が検討された。
3 からあげにレモンを**シボ**った。
4 荒れ地を**カイコン**し農地にする。
5 日曜日に音楽会が**モヨオ**された。
6 私を**ウラ**むのは筋違いだ。
7 **コンイロ**の背広を着て出勤した。
8 投手は**トウコン**をみなぎらせた。
9 多額の**フサイ**を抱えている。
10 **サイミン**術で暗示にかけられた。
11 序盤で**ツウコン**のエラーが出た。
12 この一文は**ケズ**ったほうがよい。
13 美しい風景を心に**キザ**んだ。
14 人気エッセイの**チョシャ**と会う。
15 熱烈な鉄道ファンが**ツド**う会だ。
16 技術力が**スイジュン**に達する。
17 新製品が**フキュウ**する。
18 文字と文字の間隔を**セバ**める。
19 企業が文化事業を**コウエン**する。
20 劇団が地方**コウエン**に出かける。
21 新人俳優が難役を**コウエン**した。
22 昨夜は十二時に**シュウシン**した。
23 アイドルに**シュウシン**している。
24 **シュウシン**雇用の制度を見直す。

使い分けよう！ **しぼる【絞・搾】**

絞る…例 タオルを絞る　人数を絞る
(ねじる・範囲を限定する)

搾る…例 乳を搾る　税を搾る
(押し縮めて水分をとる・無理に出させる)

ステップ 7-12

力だめし

第2回

総得点 ／100

評価

A
80点 B
75点 C
70点 D
60点 E

月　日

1 次の――線の漢字の読みをひらがなで記せ。

1×10 ／10

1 目標を掲げて新年度に臨む。
2 過去の幻影にとらわれる。
3 不要なデータを削除する。
4 長年肩凝りに悩まされている。
5 知恵を絞って打開策を講じた。
6 日ごろのご愛顧に感謝致します。
7 契約の条件を確認する。
8 精巧に作られた複製品が出回る。
9 偶発的な事故が起きてしまった。
10 他社と提携して競争力を高める。

2 熟語の構成のしかたには次のようなものがある。

1×10 ／10

ア 同じような意味の漢字を重ねたもの　（岩石）
イ 反対または対応の意味を表す字を重ねたもの　（高低）
ウ 上の字が下の字を修飾しているもの　（洋画）
エ 下の字が上の字の目的語・補語になっているもの　（着席）
オ 上の字が下の字の意味を打ち消しているもの　（非常）

次の熟語は右のア～オのどれにあたるか、一つ選び、記号で記せ。

1 主催
2 休憩
3 耐震
4 喫煙
5 未踏
6 気孔
7 安穏
8 不遇
9 投獄
10 功罪

3

次の――線のカタカナを漢字一字と送りがな（ひらがな）に直せ。

〈例〉問題にコタエル。（答える）

1×10 ／10

1 経験不足を努力でオギナウ。（　）
2 西日を受けて壁が赤くソマッた。（　）
3 アワタダシク日々が過ぎた。（　）
4 どんなオドシにも屈しなかった。（　）
5 ケワシイ表情のまま黙り込んだ。（　）
6 新しいやり方をココロミル。（　）
7 師は弟子たちからウヤマワれた。（　）
8 いがみ合うのはオロカナことだ。（　）
9 家計を見直して出費をヘラス。（　）
10 長い髪をゴムで一つにユワエル。（　）

4

次の――線のカタカナにあてはまる漢字をそれぞれのア〜オから一つ選び、記号で記せ。

1×10 ／10

1 次第に仲間からコ立していった。（　）
2 コ用条件を示して人材を募《つの》る。（　）
3 にじが空に美しいコを描いた。（　）
（ア弧　イ孤　ウ鼓　エ雇　オ誇）

4 濃コンのコートがよく似合う。（　）
5 原野を開コンして野菜を育てる。（　）
6 罪に対する悔コンの涙に暮れる。（　）
（ア恨　イ困　ウ紺　エ墾　オ魂）

7 むだに動かないのがケン明だ。（　）
8 晴雨ケン用のかさを買った。（　）
9 ケン約しながら質素に暮らす。（　）
10 作品は入選ケン外だったようだ。（　）
（ア堅　イ賢　ウ倹　エ兼　オ圏）

5 次の各文にまちがって使われている同じ読みの漢字が一字ある。上に誤字を、下に正しい漢字を記せ。

2×5 ／10

誤　正

1 この雑草は繁食力が強くて乾燥した場所でも爆発的に増えるので、対策が難しい。（　）（　）

2 オーケストラの演奏は、同じ曲でも指棋者により全く違う印象を与える。（　）（　）

3 動物愛護法が改正され、動物の逆待や遺棄に対する罰則が強化された。（　）（　）

4 決勝戦を目前に控えた選手たちの禁張を、コーチは巧みな話術で解きほぐした。（　）（　）

5 航空機内で携帯電話などの電子機器を使用すると、航行に仕障を来しかねない。（　）（　）

6 後の［　］内のひらがなを漢字に直して（　）に入れ、対義語・類義語を作れ。［　］内のひらがなは一度だけ使い、漢字一字を記せ。

1×10 ／10

対義語

1 実像—（　）像
2 釈放—（　）束
3 冒頭—（　）尾
4 優良—（　）悪
5 炎暑—（　）寒

類義語

6 回顧—追（　）
7 決心—覚（　）
8 去就—進（　）
9 計算—（　）定
10 傍観—（　）視

おく・かん・きょ・げん・ご・こう・ざ・たい・まつ・れつ

7 文中の四字熟語の――線のカタカナを漢字に直し、二字で記せ。

2×10 /20

1 事業拡大の好機トウライだ。
2 喜怒アイラクを素直に表現する。
3 改革をタイギ名分に強行する。
4 彼は勇猛カカンに敵と戦った。
5 ゲイイン馬食が続いて胃を壊す。
6 リュウゲン飛語に惑わされる。
7 相手にリロ整然と抗弁した。
8 自然界はテキシャ生存が原則だ。
9 モンコ開放政策をとる。
10 ケイコウ牛後の教えに従う。

8 次の――線のカタカナを漢字に直せ。

2×10 /20

1 切り立ったキョウコクを歩く。
2 兄は記念コウカを集めている。
3 ズカンで虫の生態を調べる。
4 計画の先行きをアヤぶむ。
5 入場者はノべ八千人を記録した。
6 苦手科目のコクフクに努める。
7 ここはかつてショケイ場だった。
8 ヤマオクで自給自足して暮らす。
9 セイイを尽くして事にあたる。
10 自作のハイクを色紙に書いた。

漢字表

ステップ 13

漢字	読み	画数	部首	部首名	漢字の意味	用例
錯	音 サク 訓 —	16	金	かねへん	まじりあう・混乱する・まちがう	錯乱《さくらん》・錯覚《さっかく》・交錯《こうさく》・試行錯誤《しこうさくご》・時代錯誤《じだいさくご》・倒錯《とうさく》
撮	音 サツ 訓 と(る)	15	扌	てへん	カメラでうつす・とる・つまむ	撮影《さつえい》・撮要《さつよう》・試《ため》し撮《ど》り・写真《しゃしん》を撮《と》る
擦	音 サツ 訓 す(る) す(れる)	17	扌	てへん	強くこする・さする	擦過傷《さっかしょう》・摩擦《まさつ》・擦《す》れ違《ちが》う・靴擦《くつず》れ・床擦《とこず》れ
暫	音 ザン 訓 —	15	日	ひ	しばらく・わずかの間・仮の	暫時《ざんじ》・暫定《ざんてい》
祉	音 シ 訓 —	8	ネ	しめすへん	さいわい・めぐみ	福祉《ふくし》
施	音 シ セ高 訓 ほどこ(す)	9	方	ほうへん かたへん	実際におこなう・めぐむ・あたえる	施行《しこう》・施策《しさく》・施設《しせつ》・実施《じっし》・施主《せしゅ》・施錠《せじょう》・施肥《せひ》・布施《ふせ》
諮	音 シ 訓 はか(る)	16	言	ごんべん	上から下に相談する・はかる・問う	諮問《しもん》
侍	音 ジ 訓 さむらい	8	イ	にんべん	目上の人のそばにつかえる・さむらい	侍医《じい》・侍従《じじゅう》・侍女《じじょ》・近侍《きんじ》・侍所《さむらいどころ》・若侍《わかざむらい》

ステップ 13

練習問題

月　日

1	/24
2	/10
3	/10
4	/24

1 次の——線の漢字の読みをひらがなで記せ。

1 議会の諮問に答申がなされた。
2 入学試験は来月実施される。
3 雑踏の中をなんとか擦り抜けた。
4 昔の法律を概説した撮要本だ。
5 一時的に錯乱状態におちいった。
6 出発までは暫時休憩を取ろう。
7 侍が主君への忠義を貫く。
8 会則の改正を委員会に諮る。
9 政府が年度内に施策を講じる。
10 外国にいるような錯覚を起こす。
11 まめに雑草を抜き、肥料を施す。
12 階段でつまずいて擦過傷を負う。
13 当面の課題は福祉事業の推進だ。
14 市営のスポーツ施設を改修した。
15 侍女が琴《こと》を弾く姿を描いた絵だ。
16 旅先で名所を巡り、写真を撮る。
17 果てしなく広がる砂丘を歩く。
18 芸の道を究めることは至難だ。
19 ウミガメの産卵時期になる。
20 さびたナイフを念入りに研ぐ。
21 館内では携帯電話は使えない。
22 ボランティアに携わっている。
23 二作品は表現が類似している。
24 父かと思ったが他人の空似だった。

2

次の（　）内に入る適切な語を、後の［　］の中から選び、四字熟語を完成せよ。［　］の中の語は一度だけ使うこと。

1 試行（　　）
2（　　）同音
3 一部（　　）
4（　　）水明
5（　　）曲直
6（　　）奮闘
7 千差（　　）
8（　　）直下
9 縦横（　　）
10 油断（　　）

異口・急転・孤軍・錯誤・山紫・始終・是非・大敵・万別・無尽

3

次の漢字の目的語・補語となる漢字を、後の［　］の中から選んで（　）に入れ、熟語を作れ。［　］の中の漢字は一度だけ使うこと。

1 喫（　）
2 養（　）
3 解（　）
4 撮（　）
5 催（　）
6 訪（　）
7 棄（　）
8 脱（　）
9 捕（　）
10 減（　）

影・欧・刑・鶏・鯨・権・雇・獄・茶・眠

4 次の——線のカタカナを漢字に直せ。

1 卒業写真のサツエイが行われた。
2 夢と現実とがコウサクする話だ。
3 公共のフクシに寄与してきた。
4 防水加工をホドコした服を着る。
5 ジジュウは天皇のそばに仕えた。
6 列車が鉄橋の上でスれ違う。
7 庭の花を新しいカメラでトる。
8 ザンテイ的に業務を停止した。
9 来月に新しい法令がシコウされる。
10 刀はサムライの魂といわれた。
11 委員会にハカり原案を作成する。
12 私のシュミは映画鑑賞だ。

13 アジのヒモノを網で焼く。
14 機密情報に接しウる立場にある。
15 一人で行くにはテイコウがある。
16 有名な書道家にデシ入りする。
17 講師の説明をシンケンに聞く。
18 皆でチエを絞って対策を考える。
19 友人に自分のオい立ちを語る。
20 日常の活動にシショウを来した。
21 交通事故でシショウ者が出た。
22 午前中で家事が全てスんだ。
23 この川の水はとてもスんでいる。
24 私がスんでいる街には緑が多い。

使い分けよう！ しもん【試問・諮問】
試問…例 口頭試問（質問をして知識などを試す）
諮問…例 諮問機関（専門家や特定の機関に意見を求める）

漢字	読み	画数	部首	部首名	漢字の意味	用例	筆順
慈	音 ジ 訓 いつく(しむ)高	13	心	こころ	いつくしむ・あわれむ・親子の情愛	慈愛《じあい》・慈雨《じう》・慈善《じぜん》・慈悲《じひ》・慈父《じふ》・慈母《じぼ》・仁慈《じんじ》	2・11・13
軸	音 ジク 訓 ――	12	車	くるまへん	車の心棒・物事の中心・まきもの・かけじく	軸足《じくあし》・掛《か》け軸《じく》・機軸《きじく》・基軸《きじく》・主軸《しゅじく》・枢軸《すうじく》・地軸《ちじく》	2・5
疾	音 シツ 訓 ――	10	疒	やまいだれ	やまい・はやい	疾患《しっかん》・疾駆《しっく》・疾走《しっそう》・疾風《しっぷう》・疾風迅雷《しっぷうじんらい》・疾病《しっぺい》	
湿	音 シツ 訓 しめ(る)・しめ(す)	12	氵	さんずい	水けをおびる・しめらせる	湿気《しっけ》・湿原《しつげん》・湿潤《しつじゅん》・湿地《しっち》・湿度《しつど》・湿布《しっぷ》・陰湿《いんしつ》・乾湿《かんしつ》・除湿《じょしつ》・多湿《たしつ》	3
赦	音 シャ 訓 ――	11	赤	あか	罪やあやまちをゆるす・すておく	赦免《しゃめん》・恩赦《おんしゃ》・大赦《たいしゃ》・特赦《とくしゃ》・容赦《ようしゃ》	7
邪	音 ジャ 訓 ――	8	阝	おおざと	よこしまな・害をおよぼすもの	邪悪《じゃあく》・邪推《じゃすい》・邪道《じゃどう》・邪念《じゃねん》・邪魔《じゃま》・正邪《せいじゃ》・無邪気《むじゃき》	
殊	音 シュ 訓 こと	10	歹	かばねへん・いちたへん・がつへん	きわだっている・とくに・すぐれている	殊勲《しゅくん》・殊勝《しゅしょう》・特殊《とくしゅ》・殊更《ことさら》・殊《こと》の外《ほか》・殊《こと》に好《この》む	
寿	音 ジュ 訓 ことぶき	7	寸	すん	長生きをする・とし・いのち・めでたいこと	寿命《じゅみょう》・喜寿《きじゅ》・長寿《ちょうじゅ》・天寿《てんじゅ》・不老長寿《ふろうちょうじゅ》・米寿《べいじゅ》	

ステップ 14

練習問題

1		/24
2		/7
3		/10
4		/24

月　日

1 次の——線の漢字の読みをひらがなで記せ。

1 日本は世界有数の長寿国だ。
2 邪推されて真意が伝わらない。
3 サボテンは多湿の地を好まない。
4 殊の外、試験問題は易しかった。
5 友人の結婚式で寿を述べる。
6 天気も悪く気分も湿りがちだ。
7 恩赦に浴して自由の身となる。
8 母の手紙は慈愛に満ちていた。
9 馬が草原を疾駆する。
10 新機軸を盛り込んだ試案だ。
11 邪念を払って執筆に取り組む。
12 年長者の意見を殊勝に聞く。
13 慈善事業のバザーに参加する。
14 湿原には種々の花が咲く。
15 答えを丸暗記するのは邪道だ。
16 山頂に珍しい形の岩がある。
17 相手が納得するまで説明した。
18 ワクチンで伝染病を予防する。
19 作業用ロボットを遠隔操作する。
20 薬局は通りを隔てた向こう側だ。
21 飛行機が滑走して飛び立った。
22 階段に滑り止めテープをはる。
23 昨年の冬は異常に寒かった。
24 兄弟でも性格は異なるものだ。

2

次の――線のカタカナにあてはまる漢字をそれぞれのア・イから選び、記号で記せ。

1 祖父は引退後、回**コ**録を出版した。（ア 雇　イ 顧）（　　）

2 覚**ゴ**を決めて試合に臨む。（ア 娯　イ 悟）（　　）

3 新型ウイルスに**キョウ**威を感じる。（ア 恐　イ 脅）（　　）

4 悪事は容**シャ**なく追及する。（ア 謝　イ 赦）（　　）

5 校庭を全力で**シッ**走する。（ア 疾　イ 執）（　　）

6 宝石を現金に**カ**える。（ア 換　イ 代）（　　）

7 転んでひざを**ス**りむいた。（ア 擦　イ 刷）（　　）

3

次の――線のところにあてはまる送りがなをひらがなで記せ。

〈例〉意見を述――。（べる）

1 多忙で家庭を顧――暇もない。（　　）

2 偶然がよい結果を導――た。（　　）

3 自分を責――ことはない。（　　）

4 湿――たタオルを干して乾かす。（　　）

5 内容が貧――演説だった。（　　）

6 ささやかな商――を続けている。（　　）

7 市では毎年花火大会を催――ている。（　　）

8 夫婦で喫茶店を営――でいる。（　　）

9 普段から災害に備――ている。（　　）

10 政府は輸入規制を緩――方針だ。（　　）

4 次の――線のカタカナを漢字に直せ。

1 福祉を政策のシュジクとする。
2 梅雨時にはジョシツ機が売れる。
3 僧が仏のジヒの心を説く。
4 トクシュな事例が報告される。
5 ムジャキな笑顔に心がなごむ。
6 ほら穴の中はシメっている。
7 ベイジュは八十八歳の祝いだ。
8 今年はコトサラ、寒さが厳しい。
9 シャ免《めん》を請《こ》う手紙を書く。
10 高速道路を自動車がシックする。
11 祝いの言葉をコトブキという。
12 シキサイ豊かな映像が流れる。
13 貴重な資料がイッパン公開される。
14 二人の未来にサチ多かれと祈る。
15 予定よりオオハバに遅れている。
16 タッシャな芸で皆を楽しませる。
17 近所のネコが庭をアらした。
18 自宅で祖父のカイゴをする。
19 自分のシンカを問われる場面だ。
20 シンカとして王に仕える。
21 社会保障のセイドについて知る。
22 高いセイドで機器の部品を作る。
23 逃げた犬は草むらの中にイた。
24 彼の矢は的の中心を見事にイた。

使い分けよう！ **する【刷・擦】**
刷る…例 版画を刷る 手刷りの年賀状 （印刷する）
擦る…例 マッチを擦る 擦り傷 （強くこする）

漢字	読み	画数	部首	部首名	漢字の意味	用例	筆順
潤	音 ジュン 訓 うるお(う) うるお(す) うる(む)	15	氵	さんずい	水けをふくむ・もうけ・かざる・つやがある	潤滑《じゅんかつ》・潤色《じゅんしょく》・潤沢《じゅんたく》・湿潤《しつじゅん》・浸潤《しんじゅん》・豊潤《ほうじゅん》・利潤《りじゅん》	潤 3 7 11 15
遵	音 ジュン 訓 ―	15	辶	しんにょう しんにゅう	きまりにしたがう	遵守《じゅんしゅ》・遵法《じゅんぽう》	遵 3 5 7 14
如	音 ジョ ニョ 高 訓 ―	6	女	おんなへん	ごとし・様子や状態を表す時につける言葉	如才《じょさい》・欠如《けつじょ》・突如《とつじょ》・面目躍如《めんもくやくじょ めんぼくやくじょ》・如実《にょじつ》・如来《にょらい》	如
徐	音 ジョ 訓 ―	10	彳	ぎょうにんべん	ゆっくりと・おもむろに・やすらか	徐行《じょこう》・徐徐《じょじょ》に	徐
匠	音 ショウ 訓 ―	6	匚	はこがまえ	すぐれた技能をもつ人・工夫・おもいつき	意匠《いしょう》・巨匠《きょしょう》・工匠《こうしょう》・師匠《ししょう》・宗匠《そうしょう》・名匠《めいしょう》	匠
昇	音 ショウ 訓 のぼ(る)	8	日	ひ	上へあがる・のぼらせる	昇華《しょうか》・昇格《しょうかく》・昇給《しょうきゅう》・昇降《しょうこう》・昇進《しょうしん》・昇天《しょうてん》・上昇《じょうしょう》	昇
掌	音 ショウ 訓 ―	12	手	て	手のひら・つかさどる・受けもつ	掌握《しょうあく》・掌中《しょうちゅう》・合掌《がっしょう》・車掌《しゃしょう》・職掌《しょくしょう》	掌 8
晶	音 ショウ 訓 ―	12	日	ひ	きらめく・あきらか・鉱物の規則正しい形	液晶《えきしょう》・結晶《けっしょう》・水晶《すいしょう》	晶 8 10

ステップ 15

練習問題

月　日

1	/24
2	/8
3	/10
4	/24

1 次の――線の漢字の読みをひらがなで記せ。

1 量販店で液晶テレビを買った。
2 昇降口で待ち合わせて下校した。
3 ピカソは二十世紀美術の巨匠だ。
4 夏の湿潤な気候は日本の特色だ。
5 危機管理能力が欠如している。
6 はだに潤いがあって若々しい。
7 娘の学業成績は徐々に向上した。
8 健康と幸福を祈って合掌した。
9 潤沢な資金をもとに起業した。
10 趣味を芸術にまで昇華させる。
11 事態をしっかり掌握している。
12 プロが面目躍如たる技を見せる。
13 優しい言葉をかけられ目が潤む。
14 落語の師匠に弟子入りした。
15 遵法意識の低下が問題となる。
16 山頂に到達したころ日が昇った。
17 緑の芝生の上でサッカーをする。
18 河川を整備して水害を防ぐ。
19 ガラスの破片が飛び散った。
20 努力の末著しい成長が見られた。
21 愛用品を壊されて兄は激怒した。
22 深呼吸をして怒りを抑《おさ》える。
23 災難が身に降りかかる。
24 口は災いのもと。

2 次の（　）には、——線の漢字の意味を打ち消す漢字が入る。（　）に入る漢字を後の□の中から選べ。同じ漢字を何度使ってもよい。

1 （　）為に一日を過ごす。
2 （　）決の議題は改めて論じる。
3 シリーズの第九巻以降は（　）刊だ。
4 昨晩、とても（　）吉な夢を見た。
5 彼の発言で（　）穏な空気が和んだ。
6 （　）知の生物を追い求めて旅をする。
7 （　）朽の名作といわれる映画だ。
8 明日の（　）明に出発する。

不・未・無

3 次のAとBの漢字を一字ずつ組み合わせて二字の熟語を作れ。Bの漢字は必ず一度だけ使う。また、AとBどちらの漢字が上でもよい。

A

1 虚　2 利　3 敢　4 昇　5 軸
6 虐　7 結　8 駆　9 中　10 陰

B

闘　栄　掌　潤　残
湿　基　晶　格　疾

1（　）
2（　）
3（　）
4（　）
5（　）
6（　）
7（　）
8（　）
9（　）
10（　）

4

次の——線のカタカナを漢字に直せ。

1 風邪で体温が**ジョウショウ**した。（　　）
2 雨が庭の草木を**ウルオ**した。（　　）
3 歌手が**トツジョ**引退を発表した。（　　）
4 雪の**ケッショウ**はとても美しい。（　　）
5 **シャショウ**に到着時刻を尋ねる。（　　）
6 工作機械に**ジュンカツ**油をさす。（　　）
7 雪道を**ジョコウ**運転で進む。（　　）
8 交通ルールを**ジュンシュ**しよう。（　　）
9 新製品の**イショウ**登録をする。（　　）
10 **ウル**んだ目でじっと見つめる。（　　）
11 山歩きに**キズグスリ**を持参する。（　　）
12 大会優勝の**シュクハイ**を挙げた。（　　）
13 仮説の**ムジュン**を指摘される。（　　）
14 **シハン**の洗剤を価格で選ぶ。（　　）
15 季節に合った**ワガシ**でもてなす。（　　）
16 仕掛けた**アミ**に魚がかかる。（　　）
17 **センドウ**のこぐ小舟で川を下る。（　　）
18 ガイドの**センドウ**で名所を巡る。（　　）
19 兄は銀行に**ツト**めている。（　　）
20 町内会の役員を**ツト**める。（　　）
21 山積した問題の解決に**ツト**める。（　　）
22 **オ**いて足腰が弱ってきた。（　　）
23 チョウを**オ**って森へ入る。（　　）
24 泣いている赤ちゃんを背**オ**った。（　　）

使い分けよう！　つとめる【努・勤・務】

努める…例　完成に努める　努めて早起きする　（力をつくす）
勤める…例　会社に勤める　勤め先　（職場で働く）
務める…例　議長を務める　主役を務める　（役目を受け持つ）

漢字	焦	衝	鐘	冗	嬢	錠	譲	嘱
読み	音 ショウ 訓 こ(げる) こ(がす) こ(がれる) あせ(る)高	音 ショウ 訓 ―	音 ショウ 訓 かね	音 ジョウ 訓 ―	音 ジョウ 訓 ―	音 ジョウ 訓 ―	音 ジョウ 訓 ゆず(る)	音 ショク 訓 ―
画数	12	15	20	4	16	16	20	15
部首	灬	行	金	冖	女	金	言	口
部首名	れんが れっか	ぎょうがまえ ゆきがまえ	かねへん	わかんむり	おんなへん	かねへん	ごんべん	くちへん
漢字の意味	こげる・こがす・いらだつ	つきあたる・だいじな場所・かなめ	つりがね	むだ・長たらしい・余分な	むすめ・おとめ	じょうまえ・平たく丸くかためた薬	ゆずりあたえる・へりくだる	たのむ・いいつける・目をつける
用例	焦燥《しょうそう》・焦点《しょうてん》・焦土《しょうど》・焦眉《しょうび》・焦慮《しょうりょ》・黒焦《くろこ》げ・胸《むね》を焦《こ》がす	衝撃《しょうげき》・衝動《しょうどう》・衝突《しょうとつ》・意気衝天《いきしょうてん》・折衝《せっしょう》・要衝《ようしょう》	鐘楼《しょうろう》・警鐘《けいしょう》・半鐘《はんしょう》・晩鐘《ばんしょう》・早鐘《はやがね》・割《わ》れ鐘《がね》	冗談《じょうだん》・冗長《じょうちょう》・冗費《じょうひ》・冗漫《じょうまん》	愛嬢《あいじょう》・お嬢《じょう》さん・令嬢《れいじょう》	錠剤《じょうざい》・錠前《じょうまえ》・施錠《せじょう》・手錠《てじょう》	譲渡《じょうと》・譲歩《じょうほ》・譲与《じょうよ》・委譲《いじょう》・謙譲《けんじょう》・互譲《ごじょう》・分譲《ぶんじょう》・親譲《おやゆず》り	嘱託《しょくたく》・嘱託医《しょくたくい》・嘱望《しょくぼう》・嘱目《しょくもく》・委嘱《いしょく》
筆順	焦 焦 焦 焦 焦 焦 焦 焦 焦 焦12	衝2 衝 衝 衝 衝9 衝 衝 衝 衝14 衝	鐘2 鐘4 鐘 鐘8 鐘10 鐘12 鐘 鐘17 鐘 鐘20	冗 冗 冗 冗	嬢 嬢 嬢 嬢7 嬢 嬢10 嬢12 嬢 嬢 嬢16	錠2 錠4 錠 錠8 錠11 錠 錠 錠 錠 錠	譲9 譲11 譲 譲 譲 譲16 譲 譲 譲 譲	嘱3 嘱5 嘱 嘱 嘱10 嘱 嘱 嘱 嘱 嘱

ステップ 16 練習問題

1	/24
2	/10
3	/10
4	/24

月　日

1 次の――線の漢字の読みをひらがなで記せ。

1 これ以上譲歩の余地はない。
2 社長令嬢の結婚が決まる。
3 寺の晩鐘の音が響き渡る。
4 与野党間の折衝が続けられた。
5 不利な形勢に焦燥感を覚える。
6 公共機関に土地を譲渡した。
7 有識者の中から参与を委嘱する。
8 焼きすぎて魚が焦げてしまった。
9 電車でお年寄りに席を譲った。
10 娘の帰国を待ち焦がれる。

11 要領を得ない冗漫な文章だ。
12 社会に衝撃を与えた事件だった。
13 驚きのあまり心臓が早鐘を打つ。
14 粉薬より錠剤の方が飲みやすい。
15 強情を張らずに謝る。
16 今回ばかりは勘弁ならない。
17 同窓会で旧友と談笑した。
18 極秘のうちに調査が進められる。
19 彼女に哀願されると断れない。
20 主人公の境遇が哀れを誘《さそ》う。
21 厳選された素材の料理を味わう。
22 式典は厳かに執り行われた。
23 危険を冒して人命を救助する。
24 険しい山道にさしかかる。

2 後の［　］内のひらがなを漢字に直して（　）に入れ、対義語・類義語を作れ。［　］内のひらがなは一度だけ使い、漢字一字を記せ。

対義語

1 地味―（　）手
2 優遇―（　）遇
3 是認―（　）認
4 冗長―簡（　）
5 保守―（　）新

類義語

6 利口―（　）明
7 朗報―（　）報
8 異議―異（　）
9 激賞―絶（　）
10 期待―嘱（　）

かく・きっ・けつ・けん・さん・ぞん・は・ひ・ぼう・れい

3 次の――線のカタカナ「コウ」をそれぞれ異なる漢字に直せ。

1 仕事で長時間コウ束される。（　）
2 相手は態度をコウ化させた。（　）
3 二人でコウ妙な作戦を練り上げた。（　）
4 党のコウ領を策定し、政策を示す。（　）
5 大都市の近コウに住宅街が広がる。（　）
6 鉱山の地下深くまでコウ道が続く。（　）
7 麦芽を発コウさせてビールを造る。（　）
8 妹はほおをコウ潮させて喜んだ。（　）
9 どちらにするかコウ乙つけがたい。（　）
10 多くの植物は気コウから蒸散する。（　）

4 次の――線のカタカナを漢字に直せ。

1 洋服のショウドウ買いを慎む。
2 玄関のジョウマエが壊れた。
3 火事を告げるハンショウが鳴る。
4 ブンジョウ住宅の購入《こうにゅう》を考える。
5 ジョウダンを言って笑わせる。
6 感じのいいおジョウさんだ。
7 議論のショウテンがぼやけた。
8 寺のカネを定時につく。
9 社交的な性格はオヤユズりだ。
10 前途をショクボウされる新人だ。
11 天をコがすような大火だった。
12 この島をオトズれる人は少ない。
13 クち果てた古民家を再生させる。
14 疲れて思わず弱音をハく。
15 互いを目のカタキにしている。
16 かわいいエガラの文具を集める。
17 相手をウヤマう心が大切だ。
18 政府がボウメイ者を受け入れた。
19 従来のやり方をトウシュウする。
20 現場をシキする役目をになう。
21 勝利にチームのシキは高まった。
22 庭園にはシキ折々の花が咲く。
23 町の大部分を山地がシめている。
24 今月末で店をシめるつもりだ。

意気衝天（いきしょうてん）
「このうえなく意気込みが盛んなこと」という意味の四字熟語です。「衝天」は「天を突く」という意味で、それほど勢いが盛んであることを表します。この「衝天」を「昇天」と書き誤らないように注意しましょう。

ステップ 17

漢字	読み	画数	部首	部首名	漢字の意味	用例	筆順
辱	音 ジョク 訓 はずかし(める)高	10	辰	しんのたつ	はじをかかせる・かたじけない	栄辱《えいじょく》・汚辱《おじょく》・屈辱《くつじょく》・雪辱《せつじょく》・恥辱《ちじょく》・侮辱《ぶじょく》・辱《はずかし》めを受《う》ける	辱 辱 辱 辱 辱 辱 辱 辱 辱 辱
伸	音 シン 訓 の(びる) の(ばす) の(べる)	7	亻	にんべん	のびる・のばす・のべる	伸縮《しんしゅく》・伸長《しんちょう》・伸張《しんちょう》・伸展《しんてん》・屈伸《くっしん》・手《て》を差《さ》し伸《の》べる	伸 伸 伸 伸 伸 伸 伸
辛	音 シン 訓 から(い)	7	辛	からい	つらい・からい味・かろうじて	辛苦《しんく》・辛酸《しんさん》・辛勝《しんしょう》・辛抱《しんぼう》・香辛料《こうしんりょう》・辛口《からくち》・甘辛《あまから》い	辛 辛 辛 辛 辛 辛 辛
審	音 シン 訓 ――	15	宀	うかんむり	くわしい・ただす・判定する	審議《しんぎ》・審判《しんぱん》・審美眼《しんびがん》・審理《しんり》・再審《さいしん》・陪審員《ばいしんいん》・不審《ふしん》	審[3] 審 審[6] 審 審 審 審 審[12] 審 審[15]
炊	音 スイ 訓 た(く)	8	火	ひへん	たく・熱を加えて料理をする	炊事《すいじ》・炊飯《すいはん》・自炊《じすい》・雑炊《ぞうすい》・炊《た》き出《だ》し・煮炊《にた》き	炊 炊 炊 炊 炊 炊 炊 炊
粋	音 スイ 訓 いき	10	米	こめへん	まじりけがない・すぐれている・いき	粋狂《すいきょう》・粋人《すいじん》・純粋《じゅんすい》・抜粋《ばっすい》・不粋《ぶすい》・無粋《ぶすい》	粋 粋 粋 粋 粋 粋 粋 粋 粋 粋
衰	音 スイ 訓 おとろ(える)	10	衣	ころも	おとろえる・よわる	衰弱《すいじゃく》・衰退《すいたい》・衰微《すいび》・衰亡《すいぼう》・盛衰《せいすい》・老衰《ろうすい》・体力《たいりょく》が衰《おとろ》える	衰 衰 衰 衰 衰 衰 衰 衰 衰 衰
酔	音 スイ 訓 よ(う)	11	酉	とりへん	酒によう・心をうばわれる	酔狂《すいきょう》・酔生夢死《すいせいむし》・酔態《すいたい》・心酔《しんすい》・陶酔《とうすい》・麻酔《ますい》・船酔《ふなよ》い	酔[2] 酔 酔 酔 酔 酔 酔 酔 酔 酔

ステップ17

練習問題

1	/24
2	/10
3	/10
4	/24

月　日

1 次の――線の漢字の読みをひらがなで記せ。

1 全国大会の一回戦は辛勝だった。
2 母から煮炊きのこつを教わる。
3 資料から必要な部分を抜粋する。
4 カニの雑炊に舌つづみを打つ。
5 高熱が続き、衰弱が激しい。
6 風流を解さない無粋な態度だ。
7 彼女の審美眼は相当なものだ。
8 初めての船旅で酔ってしまった。
9 こんな恥辱を受けるとは心外だ。
10 その店の辛い味つけは好評だ。

11 世間には酔狂な人もいるものだ。
12 学力の伸長が目覚ましい。
13 王国は衰微の一途をたどった。
14 困っている人に手を差し伸べる。
15 店主の粋なはからいに感激した。
16 牧場で牛の乳搾りを体験する。
17 地下水の汚染が深刻化している。
18 省みて恥じるところはない。
19 落ちた毛髪から犯人を特定する。
20 長い髪を二つに分けて縛《しば》る。
21 予定を即刻実行に移した。
22 包丁で野菜を細かく刻む。
23 よい商品を低価格で提供する。
24 仏前にお供えする菓子を買う。

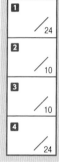

2 次の——線のカタカナを漢字一字と送りがな（ひらがな）に直せ。

〈例〉問題にコタエル。（答える）

1 手足をノバシてくつろぐ。（　　）
2 熱い思いを胸にヒメル。（　　）
3 雨が降って大地がウルオウ。（　　）
4 周囲の忠告にサカラウ。（　　）
5 熱湯を少しサマシて茶をいれる。（　　）
6 台風の勢いはオトロエたようだ。（　　）
7 炊けたご飯をしばらくムラス。（　　）
8 思ったよりヤサシイ問題だった。（　　）
9 高台に新居をカマエル。（　　）
10 手のホドコシようがない惨事だ。（　　）

3 文中の四字熟語の——線のカタカナを漢字に直し、二字で記せ。

1 サンカン四温の日々が続く。（　　）
2 栄枯セイスイの思いにふける。（　　）
3 友人の博学タサイに感心する。（　　）
4 委員の考えは大同ショウイだった。（　　）
5 合格の報に破顔イッショウした。（　　）
6 社長のドクダン専行が目に余る。（　　）
7 いつも針小ボウダイに話をする。（　　）
8 事実ムコンのうわさが広まる。（　　）
9 粒々シンクして作品を完成した。（　　）
10 すっかり疑心アンキになった。（　　）

4 次の——線のカタカナを漢字に直せ。

1 モネの絵画にシンスイしている。
2 近ごろ筋肉のオトロえを感じる。
3 大家族のスイジを一人でこなす。
4 クツジョク的な扱いを受けた。
5 毎朝の勉強で学力がノびてきた。
6 野球のシンパン員の資格を取る。
7 コウシンリョウを加えて煮込む。
8 ご飯がおいしくタき上がった。
9 愛犬がロウスイで弱っている。
10 技術のスイを集めて設計する。
11 すばらしい演奏にヨいしれる。
12 シンシュク自在の物干しざおだ。
13 アマカラい団子が好きだ。
14 父はジュウドウの有段者だ。
15 費用の一部をフタンする。
16 再建のメンミツな計画を立てる。
17 寒さでぶるぶるフルえている。
18 古都で日本の美をサグる。
19 十分にナットクして加入する。
20 議案をシンチョウに検討する。
21 シンロウの友人として式に出る。
22 シンロウがたたって病気になった。
23 パーティーにショウタイされる。
24 物音のショウタイを確かめる。

使い分けよう! のばす【伸・延】
伸ばす…例 手足を伸ばす　髪を伸ばす　実力を伸ばす
(まっすぐになる・能力などを高める)
延ばす…例 出発を延ばす　地下鉄を郊外まで延ばす
(延期する・延長する・広げる)

漢字表

ステップ18

漢字	読み	画数	部首	部首名	漢字の意味	用例
遂	音 スイ / 訓 と(げる)	12	辶	しんにょう しんにゅう	やりとおす・ついに	遂行《すいこう》・完遂《かんすい》・未遂《みすい》・目的《もくてき》を遂《と》げる
穂	音 スイ 高 / 訓 ほ	15	禾	のぎへん	イネやムギなどのほ・	穂状《すいじょう》・出穂《しゅっすい》・穂先《ほさき》・稲穂《いなほ》・接《つ》ぎ穂《ほ》
随	音 ズイ / 訓 ―	12	阝	こざとへん	ついていく・気のむくままに	随意《ずいい》・随時《ずいじ》・随所《ずいしょ》・随想《ずいそう》・随伴《ずいはん》・随分《ずいぶん》・追随《ついずい》・付随《ふずい》
髄	音 ズイ / 訓 ―	19	骨	ほねへん	骨や植物の茎《くき》の中心部・物事の中心	骨髄《こつずい》・心髄《しんずい》・神髄《しんずい》・真髄《しんずい》・精髄《せいずい》・脊髄《せきずい》・脳髄《のうずい》
瀬	音 ― / 訓 せ	19	氵	さんずい	浅くて流れの急な所・機会・場合・立場	瀬音《せおと》・瀬戸際《せとぎわ》・瀬戸物《せともの》・浅瀬《あさせ》・早瀬《はやせ》・立《た》つ瀬《せ》がない
牲	音 セイ / 訓 ―	9	牜	うしへん	神に供える動物・いけにえ	犠牲《ぎせい》・犠牲者《ぎせいしゃ》
婿	音 セイ 高 / 訓 むこ	12	女	おんなへん	むこ・おとこ	女婿《じょせい》・婿養子《むこようし》・花婿《はなむこ》・娘婿《むすめむこ》
請	音 セイ シン 高 / 訓 こ(う) 高 う(ける) 高	15	言	ごんべん	ねがいもとめる・ひきうける	請願《せいがん》・請求《せいきゅう》・申請《しんせい》・要請《ようせい》・普請《ふしん》・請《う》け負《お》う・下請《したう》け

筆順

練習問題

1	/24
2	/10
3	/7
4	/24

月　日

1 次の――線の漢字の読みをひらがなで記せ。

1 ビルの建設工事を請け負う。（　）
2 花婿がちかいの言葉を述べる。（　）
3 すずやかな瀬音に耳を澄ました。（　）
4 彼は安請け合いするので困る。（　）
5 話芸の神髄に触れた心地がする。（　）
6 随所に心配りを感じる店だ。（　）
7 長年の思いを遂げて結婚した。（　）
8 ネコが草の穂先にじゃれている。（　）
9 科学者の書いた随想を読んだ。（　）
10 与えられた任務を完遂する。（　）
11 姉は骨髄バンクに登録している。（　）
12 渡航のためのビザを申請する。（　）
13 犠牲者を増やしてはならない。（　）
14 全員の協力があれば遂行可能だ。（　）
15 市議会に出す請願書に署名する。（　）
16 国内の景気は足踏み状態にある。（　）
17 来月の下旬に京都へ行く予定だ。（　）
18 祭りには近郷の人々も集まった。（　）
19 二人は店内で声高に話していた。（　）
20 重いトランクを手に提げている。（　）
21 県を南北に縦貫する道路だ。（　）
22 一本の矢が的を貫いた。（　）
23 入場者数は十万人を突破した。（　）
24 川底にいる魚をもりで突く。（　）

2 次の各組の熟語が対義語の関係になるように、（　）に入る漢字を後の［　］の中から選べ。［　］の中の漢字は一度だけ使うこと。

1 違反―（　）守
2 愛護―（　）待
3 率先―（　）随
4 連帯―（　）立
5 質素―豪（　）
6 強情―（　）順
7 悲報―（　）報
8 正統―（　）端
9 自供―黙（　）
10 解雇―（　）用

異・華・虐・孤・採・従・遵・追・秘・朗

3 次の――線のカタカナにあてはまる漢字をそれぞれのア・イから選び、記号で記せ。

1 何事にも**シン**抱が肝心だと思う。（ア 辛　イ 審）（　）
2 強盗未**スイ**事件の犯人が捕まる。（ア 遂　イ 推）（　）
3 **ジ**愛のまなざしで娘を見つめた。（ア 慈　イ 侍）（　）
4 部屋に**シッ**気がこもっている。（ア 疾　イ 湿）（　）
5 互いに**ジョウ**歩して合意に達した。（ア 譲　イ 嬢）（　）
6 今月の電気代を**セイ**求される。（ア 精　イ 請）（　）
7 証明写真を何度も**ト**り直した。（ア 撮　イ 取）（　）

4 次の――線のカタカナを漢字に直せ。

1 犯行計画は**ミスイ**に終わった。
2 予約は**ズイジ**受け付けています。
3 多くの**ギセイ**を払って完成した。
4 一面の**イナホ**が波打っている。
5 諸団体に援助を**ヨウセイ**した。
6 **アサセ**を探して向こう岸に渡る。
7 目的を**ト**げるまで力を尽くす。
8 大企業の**シタウ**けをする工場だ。
9 今年、一人娘に**ムコ**を迎える。
10 日本文化の**セイズイ**を究める。
11 困難な問題を解決に**ミチビ**いた。
12 基本と違っても**ヨウニン**する。
13 **タボウ**のため電話に出られない。
14 **モヨ**りの駅まで自転車で向かう。
15 **ワタクシゴト**で会合を早退する。
16 **カンキョウ**の変化に順応する。
17 歴史に**ソクセキ**を残した人物だ。
18 **ソクセキ**ラーメンを食べる。
19 **トウブン**の取り過ぎに注意する。
20 **トウブン**の間飲酒を控える。
21 スイカを五人で**トウブン**する。
22 秋の夜、虫の**ネ**が聞こえてきた。
23 春に植えた草花が**ネ**を下ろした。
24 ガソリンの**ネ**がどんどん上がる。

使い分けよう! **とる【取・採・執・撮・捕】**
取る…例 責任を取る （広く一般的に用いる）
採る…例 山菜を採る （つみとる・採用する）
執る…例 指揮を執る （扱う） **撮る**…例 写真を撮る （撮影）
捕る…例 飛球を捕る （追いかけて捕まえる）

ステップ 13－18

力だめし

第3回

総得点 ／100

評価 A 80点 B 75点 C 70点 D 60点 E

月　日

1 次の――線の漢字の読みをひらがなで記せ。

1×10 ／10

1 夜の通りを車で疾走する。（　　）
2 企画の採否を会議に諮る。（　　）
3 強風のため列車は徐行している。（　　）
4 目の錯覚を利用しただまし絵だ。（　　）
5 緊急に暫定予算が組まれる。（　　）
6 冷たい飲み物でのどを潤した。（　　）
7 負傷者に治療が施される。（　　）
8 よそ見をしていて人と衝突した。（　　）
9 知らないうちに随分遠くに来た。（　　）
10 法令の遵守を誓約《せいやく》書に記す。（　　）

2 次の漢字の中で一つだけ他の漢字とは部首が異なるものがある。その漢字の記号を記せ。

1×10 ／10

1 〔ア 射　イ 導　ウ 辱　エ 対　オ 専〕（　　）
2 〔ア 軸　イ 軌　ウ 撃　エ 較　オ 輪〕（　　）
3 〔ア 暮　イ 暫　ウ 暦　エ 普　オ 者〕（　　）
4 〔ア 辛　イ 千　ウ 協　エ 博　オ 卒〕（　　）
5 〔ア 敷　イ 敏　ウ 敬　エ 整　オ 啓〕（　　）
6 〔ア 項　イ 瀬　ウ 題　エ 頂　オ 頭〕（　　）
7 〔ア 肩　イ 背　ウ 脅　エ 骨　オ 能〕（　　）
8 〔ア 宙　イ 宝　ウ 寂　エ 案　オ 審〕（　　）
9 〔ア 詠　イ 譲　ウ 該　エ 認　オ 獄〕（　　）
10 〔ア 焦　イ 集　ウ 雇　エ 難　オ 雄〕（　　）

3 次の——線のカタカナ「スイ」をそれぞれ異なる漢字に直せ。

1×10 /10

1 明治時代の文豪に心**スイ**する。（　）
2 文末に**スイ**量の助動詞を使う。（　）
3 **スイ**飯器のスイッチを入れる。（　）
4 組合で**スイ**納係をしている。（　）
5 任務を**スイ**行して帰国した。（　）
6 **スイ**奏楽部の演奏をきく。（　）
7 地方経済の**スイ**退が危ぶまれる。（　）
8 **スイ**準を上回る結果となる。（　）
9 最初の線に**スイ**直な線を引く。（　）
10 資料の一部を抜**スイ**する。（　）

4 次の（　）には、——線の漢字の意味を打ち消す漢字が入る。（　）に入る漢字を後の□の中から選べ。同じ漢字を何度使ってもよい。

1×10 /10

1 （　）**遇**な一生を過ごす。
2 石油資源は（　）**尽**ではない。
3 前人（　）**到**の記録を打ち立てる。
4 （　）**開**の土地を探検する。
5 （　）**審**な点を指摘する。
6 自分の（　）**熟**さを思い知った。
7 （　）**慮**の事故にあい、けがをした。
8 作品は（　）**完**に終わった。
9 戦時中は（　）**沈**戦艦《せんかん》といわれた船だった。
10 （　）**婚**者の割合が増えている。

不・未・無

5 次の各文にまちがって使われている同じ読みの漢字が一字ある。上に誤字を、下に正しい漢字を記せ。

2×5 ／10

誤　正

1 家庭菜園で育てた新鮮な野菜を集穫し調理して、夕飯のおかずの一品とした。（　）（　）

2 今度開裁される陸上の大会でよい記録を残すため、毎日欠かさず練習している。（　）（　）

3 筋力をつけたり、美しい姿勢を保ったりするよう努力したせいか、身長が少し延びたようだ。（　）（　）

4 文学賞の受賞者と、作品を審査した選考委員が並んで、記念察影が行われた。（　）（　）

5 建設予定の誤楽施設の屋上に太陽熱を集積する装置をつけることを要望する。（　）（　）

6 後の［　］内のひらがなを漢字に直して（　）に入れ、対義語・類義語を作れ。［　］内のひらがなは一度だけ使い、漢字一字を記せ。

1×10 ／10

対義語

1 一般―特（　）

2 需要―供（　）

3 弟子―師（　）

4 故意―過（　）

5 往路―（　）路

類義語

6 困苦―辛（　）

7 華美―（　）手

8 手柄―功（　）

9 音信―消（　）

10 現職―現（　）

えき・きゅう・さん・しつ・しゅ・しょう・せき・そく・は・ふく

7 次の（　）内に入る適切な語を、後の［　］の中から選び、四字熟語を完成せよ。［　］の中の語は一度だけ使うこと。

2×10　／20

1（　　）異夢
2 昼夜（　　）
3 有名（　　）
4 面目（　　）
5 自画（　　）
6 不老（　　）
7（　　）衝天
8 悪口（　　）
9（　　）引水
10 異端（　　）

意気・我田・兼行・自賛・邪説・雑言・長寿・同床・無実・躍如

8 次の――線のカタカナを漢字に直せ。

2×10　／20

1 **コウフン**して大声で叫んだ。（　　）
2 悪事の**カタボウ**をかつぐ。（　　）
3 主張の**コンキョ**を説明する。（　　）
4 **ジョウチョウ**な文章を書き直す。（　　）
5 部長への**ショウシン**が内定した。（　　）
6 **ハオリ**はかまで初もうでに行く。（　　）
7 **フクツウ**で会合を欠席した。（　　）
8 くつが当たってかかとが**ス**れる。（　　）
9 今日は暑い上に**シツド**も高い。（　　）
10 **ワザワ**いがないことを願う。（　　）

ステップ 19

漢字	読み	画数	部首	部首名	漢字の意味	用例	筆順
斥	音 セキ／訓 —	5	斤	きん	しりぞける・様子をさぐる	斥候《せっこう》・排斥《はいせき》	斥
隻	音 セキ／訓 —	10	隹	ふるとり	一つ・かたわれ・ふねを数える言葉	隻手《せきしゅ》・一隻《いっせき》・数隻《すうせき》・片言隻句《へんげんせきく》・片言隻語《へんげんせきご》	隻
惜	音 セキ／訓 お(しい)、お(しむ)	11	忄	りっしんべん	残念に思う・おしい・だいじにする	惜春《せきしゅん》・惜敗《せきはい》・惜別《せきべつ》・愛惜《あいせき》・哀惜《あいせき》・痛惜《つうせき》・負《ま》け惜《お》しみ	惜 11
籍	音 セキ／訓 —	20	⺮	たけかんむり	書物・戸籍・団体の一員に属していること	移籍《いせき》・学籍《がくせき》・国籍《こくせき》・戸籍《こせき》・書籍《しょせき》・党籍《とうせき》・入籍《にゅうせき》・本籍《ほんせき》	籍 3 6 9 15 20
摂	音 セツ／訓 —	13	扌	てへん	とりいれる・代わっておこなう・やしなう	摂関《せっかん》・摂氏《せっし》・摂取《せっしゅ》・摂政《せっしょう》・摂生《せっせい》・摂理《せつり》	摂 4 8
潜	音 セン／訓 ひそ(む)、もぐ(る)	15	氵	さんずい	水中にもぐる・かくれる・心をおちつける	潜在《せんざい》・潜水《せんすい》・潜入《せんにゅう》・沈潜《ちんせん》・素潜《すもぐ》り・鳴《な》りを潜《ひそ》める	潜 3 5 9 11
繕	音 ゼン／訓 つくろ(う)	18	糸	いとへん	つくろう・なおす	営繕《えいぜん》・修繕《しゅうぜん》・身繕《みづくろ》い・世間体《せけんてい》を繕《つくろ》う	繕 6 8 11
阻	音 ソ／訓 はば(む)高	8	阝	こざとへん	けわしい・はばむ・へだたり	阻害《そがい》・阻止《そし》・険阻《けんそ》	阻
措	音 ソ／訓 —	11	扌	てへん	しまつをつける・ふるまい・おく	措辞《そじ》・措置《そち》・挙措《きょそ》	措 6

ステップ 19

練習問題

1	/24
2	/10
3	/10
4	/24

月　日

1 次の――線の漢字の読みをひらがなで記せ。

1 相手の三連勝を必死で阻止した。（　）

2 県の営繕課が管理する建物だ。（　）

3 子どもの潜在能力を引き出す。（　）

4 敵の様子を探る斥候を出す。（　）

5 遺族に対し深い哀惜の意を表す。（　）

6 帰化して日本国籍を取得する。（　）

7 豪華客船が数隻停泊している。（　）

8 食事に留意し摂生に努めている。（　）

9 人の気配がしたので声を潜めた。（　）

10 健闘むなしく惜敗した。（　）

11 仏像に関する書籍を買い求める。（　）

12 このまま別れるのは名残惜しい。（　）

13 汚れた川に潜ってはならない。（　）

14 巧みに言い繕って追及をかわす。（　）

15 険阻な山の頂上に築かれた城だ。（　）

16 突発的な出来事に挙措を失った。（　）

17 潮の干上がった海岸を散歩した。（　）

18 彼は組織の要となる存在だ。（　）

19 証文を胸先に突きつけられる。（　）

20 剣術の修行のために道場に通う。（　）

21 図書館で雑誌の書架を探す。（　）

22 小川に丸太の橋を架け渡す。（　）

23 迫力ある滝《たき》に感動した。（　）

24 身に迫る危険を感じる。（　）

2 熟語の構成のしかたには次のようなものがある。

ア 同じような意味の漢字を重ねたもの（岩石）
イ 反対または対応の意味を表す字を重ねたもの（高低）
ウ 上の字が下の字を修飾しているもの（洋画）
エ 下の字が上の字の目的語・補語になっているもの（着席）
オ 上の字が下の字の意味を打ち消しているもの（非常）

次の熟語は右のア〜オのどれにあたるか、一つ選び、記号で記せ。

1 徐行（　）
2 炊飯（　）
3 盛衰（　）
4 乾湿（　）
5 修繕（　）
6 無粋（　）
7 惜別（　）
8 暫定（　）
9 摂取（　）
10 屈伸（　）

3 文中の四字熟語の——線のカタカナを漢字に直し、二字で記せ。

1 約束を破るとは言語ドウダンだ。（　）
2 千載イチグウの好機をつかむ。（　）
3 ゼント有望な若手が登場した。（　）
4 その光景は百鬼ヤコウのようだ。（　）
5 潜在イシキが発言にも表れる。（　）
6 姉の寝坊は日常サハンのことだ。（　）
7 長年の疑いが雲散ムショウした。（　）
8 ヘンゲン隻句を覚えている。（　）
9 温故チシンの精神で古典を学ぶ。（　）
10 行雲リュウスイの旅に出る。（　）

4 次の――線のカタカナを漢字に直せ。

1 センスイ艇《てい》で海底を調査する。
2 壊れた屋根をシュウゼンした。
3 ビタミンを十分にセッシュする。
4 暴力表現の排《はい》セキ運動が起こる。
5 閉店にセキベツの声が相次いだ。
6 海女《あま》が海にモグって貝を採る。
7 会社の発展をソガイする行為だ。
8 祖母がツクロい物をしている。
9 思いがけない力がヒソんでいた。
10 他球団へのイセキが決まる。
11 寝る間もオしんで働いた。
12 三セキの貨物船が帰港した。

13 暫定ソチが講じられる見通しだ。
14 母のユイゴンを兄弟に伝える。
15 妹は泣き虫でイクジがない。
16 トウゲを越えて山頂に至る。
17 親の言いつけに初めてソムいた。
18 アマトウで和菓子をよく食べる。
19 尊敬する画家に長年シジした。
20 先輩のシジに従って行動する。
21 自分がシジする政党に投票する。
22 山奥のひなびた旅館にトまる。
23 変わった看板が目にトまる。
24 故障で工場の機械がトまる。

温故知新（おんこちしん）
『論語』の中の言葉で、「昔のことや、すでに学んだことを復習して、そこからさらに新しい知識や道理を発見すること」を表しています。「温故」を「温古」などと書き誤らないようにしましょう。
例…常に温故知新の気持ちで学ぶ。

漢字表

ステップ 20

漢字	読み	画数	部首	部首名	漢字の意味	用例	筆順
粗	音 ソ 訓 あら(い)	11	米	こめへん	あらい・そまつ・へりくだっていう言葉	粗雑《そざつ》・粗相《そそう》・粗暴《そぼう》・粗末《そまつ》・粗野《そや》・粗略《そりゃく》・精粗《せいそ》・粗削《あらけず》り	粗2 粗 粗 粗 粗 粗 粗 粗 粗 粗
礎	音 ソ 訓 いしずえ 高	18	石	いしへん	いしずえ・物事のもと	礎石《そせき》・基礎《きそ》・定礎《ていそ》・礎《いしずえ》を築《きず》く	礎2 礎5 礎7 礎9 礎13 礎 礎 礎 礎 礎
双	音 ソウ 訓 ふた	4	又	また	二つ・対《つい》・ならぶ	双眼鏡《そうがんきょう》・双肩《そうけん》・双璧《そうへき》・双方《そうほう》・一双《いっそう》・無双《むそう》・双葉《ふたば》	双 双 双 双
桑	音 ソウ 高 訓 くわ	10	木	き	植物のクワ	桑畑《くわばたけ》	桑 桑 桑 桑 桑 桑 桑 桑 桑 桑
掃	音 ソウ 訓 は(く)	11	扌	てへん	きれいにする・とり除く・おいはらう	掃除《そうじ》・掃射《そうしゃ》・一掃《いっそう》・清掃《せいそう》・門前《もんぜん》を掃《は》く	掃 掃 掃 掃 掃 掃 掃8 掃 掃 掃
葬	音 ソウ 訓 ほうむ(る) 高	12	艹	くさかんむり	ほうむる・とむらい・葬式のこと	葬儀《そうぎ》・葬式《そうしき》・葬列《そうれつ》・会葬《かいそう》・火葬《かそう》・冠婚葬祭《かんこんそうさい》・埋葬《まいそう》	葬 葬3 葬 葬 葬 葬 葬 葬 葬 葬12
遭	音 ソウ 訓 あ(う)	14	辶	しんにょう しんにゅう	めぐりあう・でくわす	遭遇《そうぐう》・遭難《そうなん》・災難《さいなん》に遭《あ》う・不意《ふい》打ちに遭《あ》う	遭 遭3 遭5 遭 遭 遭9 遭11 遭 遭 遭
憎	音 ゾウ 訓 にく(む) にく(い) にく(らしい) にく(しみ)	14	忄	りっしんべん	にくむ・きらう	憎悪《ぞうお》・愛憎《あいぞう》・憎《にく》まれ役《やく》・憎憎《にくにく》しい・心憎《こころにく》い	憎 憎 憎 憎5 憎7 憎 憎 憎 憎12 憎14

ステップ 20

練習問題

1	/24
2	/10
3	/10
4	/24

月　日

1 次の――線の漢字の読みをひらがなで記せ。

1 ビルの清掃を業者に依頼する。
2 調停役として双方の意見を聞く。
3 目の粗いくしで髪をとかした。
4 草むらに残る礎石が歴史を語る。
5 小さな双葉がやっと顔を出した。
6 葬儀はしめやかに行われた。
7 食べ物を粗末にしてはいけない。
8 桑の葉は蚕の飼料となる。
9 旅先で思わぬ事件に遭遇した。
10 親子の愛憎を軸に小説を書いた。
11 盗難に遭い、貴重品を失った。
12 家の前を毎日ほうきで掃く。
13 粗削りだが味のある文章だ。
14 彼の心憎い気遣いに母は喜んだ。
15 客に粗相のないように気を配る。
16 強いて言えば無口なのが欠点だ。
17 記者の質問に口を固く閉ざした。
18 浅薄な知識をさらし恥をかいた。
19 一族は中世に栄華を極めていた。
20 役者として華々しく活躍した。
21 まろやかで豊潤な香りの酒だ。
22 街の明かりが潤んで見えた。
23 研究に沈潜する日々を送る。
24 文中に潜む真意をくみ取る。

2 次の各組の熟語が対義語の関係になるように、（　）に入る漢字を後の［　］の中から選べ。［　］の中の漢字は一度だけ使うこと。

1 丁重―（　）略
2 強固―柔（　）
3 起床―就（　）
4 辛勝―（　）敗
5 助長―（　）害
6 繁栄―（　）微
7 修繕―破（　）
8 却下―受（　）
9 遠隔―近（　）
10 必然―（　）然

偶・弱・寝・衰・惜・接・阻・粗・損・理

3 次の――線のカタカナ「**ショウ**」をそれぞれ異なる漢字に直せ。

1 言葉に表せない**ショウ**撃を受けた。（　）
2 これは風景画の巨**ショウ**の作品だ。（　）
3 乱れた世に警**ショウ**を鳴らす。（　）
4 受賞は長年の努力の結**ショウ**だ。（　）
5 連絡が途絶え**ショウ**慮に駆られた。（　）
6 図星を突かれて苦**ショウ**する。（　）
7 実権をほぼ**ショウ**中に収めた。（　）
8 抽《ちゅう》**ショウ**的であいまいな表現だ。（　）
9 店が領収**ショウ**を発行する。（　）
10 異例の早さで**ショウ**進した。（　）

4 次の――線のカタカナを漢字に直せ。

1 親子のアイゾウ劇が描かれる。（　　）
2 ソウナンの報に家族が急行した。（　　）
3 週末に部屋の大ソウジをした。（　　）
4 ソシナですが、お納めください。（　　）
5 会社経営のキソを確実に固める。（　　）
6 近年クワバタケをあまり見ない。（　　）
7 雑木林の落ち葉をハき集めた。（　　）
8 野鳥をソウガンキョウで見る。（　　）
9 目のアラいざるを使う。（　　）
10 帰宅途中で交通事故にアった。（　　）
11 古代の遺体の埋《まい》ソウ法を調べる。（　　）
12 彼はニクまれ口をよくたたく。（　　）
13 料理にウメボしを入れる。（　　）
14 実家は代々米をアキナっている。（　　）
15 ゲンコウ用紙に文章を書く。（　　）
16 柱を鮮やかなシュイロに塗《ぬ》る。（　　）
17 ヤクザイ師として病院で働く。（　　）
18 歩道のカクチョウ工事が始まる。（　　）
19 コウソウを練って小説を書く。（　　）
20 駅前にコウソウビルが林立する。（　　）
21 マッチをスって火をつける。（　　）
22 年賀状用に版画をスった。（　　）
23 胃病にキくという漢方薬を飲む。（　　）
24 キき分けのよい子に育つ。（　　）

使い分けよう！　**あう【合・会・遭】**

合う…例 計算が合う　話が合う　（一つになる・当てはまる）
会う…例 客と会う　仲間に会う　（対面する）
遭う…例 災難に遭う　（好ましくないものに出くわす）

ステップ 21

漢字	読み	画数	部首	部首名	漢字の意味	用例	筆順
促	音 ソク　訓 うなが(す)	9	亻	にんべん	せきたてる・間がつまる	促音《そくおん》・促進《そくしん》・促成《そくせい》・催促《さいそく》・督促《とくそく》・注意《ちゅうい》を促《うなが》す	促 促 促 促 促 促 促 促 促
賊	音 ゾク　訓 ―	13	貝	かいへん	どろぼう・主君にさからう者	賊軍《ぞくぐん》・賊臣《ぞくしん》・海賊《かいぞく》・逆賊《ぎゃくぞく》・山賊《さんぞく》・盗賊《とうぞく》	賊 賊 賊[5] 賊[7] 賊 賊 賊 賊 賊 賊
怠	音 タイ　訓 おこた(る)・なま(ける)	9	心	こころ	なまける・あなどる	怠業《たいぎょう》・怠惰《たいだ》・怠慢《たいまん》・勤怠《きんたい》・怠《なま》け者《もの》・準備《じゅんび》を怠《おこた》る	怠 怠 怠 怠 怠 怠 怠 怠 怠
胎	音 タイ　訓 ―	9	月	にくづき	みごもる・子のやどるところ	胎教《たいきょう》・胎児《たいじ》・胎生《たいせい》・胎動《たいどう》・胎内《たいない》・換骨奪胎《かんこつだったい》・母胎《ぼたい》	胎 胎 胎 胎 胎 胎 胎 胎 胎
袋	音 タイ 高　訓 ふくろ	11	衣	ころも	ふくろ	風袋《ふうたい》・郵袋《ゆうたい》・有袋類《ゆうたいるい》・胃袋《いぶくろ》・堪忍袋《かんにんぶくろ》・寝袋《ねぶくろ》・足袋《たび》	袋[2] 袋 袋 袋 袋 袋 袋 袋 袋 袋
逮	音 タイ　訓 ―	11	辶	しんにょう・しんにゅう	つかまえる・追う・およぶ	逮捕《たいほ》・逮捕状《たいほじょう》・逮夜《たいや》	逮 逮 逮 逮 逮 逮 逮 逮 逮[10] 逮
滞	音 タイ　訓 とどこお(る)	13	氵	さんずい	とどまる・はかどらない	滞在《たいざい》・滞納《たいのう》・滞留《たいりゅう》・延滞《えんたい》・渋滞《じゅうたい》・遅滞《ちたい》・沈滞《ちんたい》・停滞《ていたい》	滞[3] 滞 滞 滞[7] 滞 滞 滞 滞 滞 滞
滝	音 ―　訓 たき	13	氵	さんずい	たき	滝口《たきぐち》・滝《たき》つぼ・滝登《たきのぼ》り・滝《たき》のような汗《あせ》	滝[3] 滝 滝 滝[7] 滝 滝 滝 滝 滝 滝

ステップ21

練習問題

1	／24
2	／10
3	／10
4	／24

月　日

1 次の――線の漢字の読みをひらがなで記せ。

1 野菜の促成栽培《さいばい》が盛んな地域だ。
2 職務の怠慢は見過ごせない。
3 逮捕状を示し被疑者を連行した。
4 コイの滝登りのような出世だ。
5 本州南岸に前線が停滞している。
6 キャンプ用の寝袋で仮眠をとる。
7 高齢者の雇用を促進する。
8 盗賊が山中で捕らえられる。
9 毎日怠らずに練習を続けよう。
10 市場に変化の胎動が感じられる。
11 大雪で工事が滞っている。
12 重役に戦略の変更を促した。
13 学業を怠けると成績が下がる。
14 宇宙に滞留できるようになった。
15 型紙に沿って布をはさみで裁つ。
16 名画鑑賞の集いに参加した。
17 父の誕生日に革の財布を贈る。
18 軽業師たちが芸を競い合った。
19 激しい痛みをじっと我慢した。
20 我が家は父母と私の三人家族だ。
21 アパートの修繕工事が行われた。
22 その場をうまく取り繕う。
23 はだの露出が少ない服を着る。
24 テントが夜露でぬれる。

2 次の漢字と同じような意味の漢字を、後の［ ］の中から選んで（ ）に入れ、熟語を作れ。［ ］の中の漢字は一度だけ使うこと。

1 （ ）突
2 （ ）悪
3 （ ）独
4 基（ ）
5 遭（ ）
6 湿（ ）
7 夢（ ）
8 （ ）威
9 恥（ ）
10 （ ）楽

脅・遇・幻・孤・娯・邪・潤・衝・辱・礎

3 文中の四字熟語の――線のカタカナを漢字に直し、二字で記せ。

1 古今ムソウの腕前と称せられた。（ ）
2 天変チイが相次いで起きた。（ ）
3 セイコウ雨読の日々を送る。（ ）
4 難局をイットウ両断に解決した。（ ）
5 互いの利害トクシツがからむ。（ ）
6 シュウジン環視の中事件は起きた。（ ）
7 物語の筋はタンジュン明快だ。（ ）
8 美辞レイクを並べ立てた。（ ）
9 タキ亡羊で進路を決めかねる。（ ）
10 展示作品はギョクセキ混交だ。（ ）

4 次の――線のカタカナを漢字に直せ。

1 長期休暇でナマけ癖《ぐせ》がついた。
2 水だけでイブクロは満たせない。
3 家賃の支払いがトドコオる。
4 横領の疑いでタイホされた。
5 おなかのタイジが元気よく動く。
6 三年間、パリにタイザイした。
7 タキのように汗が流れる。
8 招待の返事をサイソクする。
9 カイゾクが度々船を襲った。
10 装置の点検をオコタっていた。
11 司会者に発言をウナガされる。
12 日本新記録がジュリツされた。
13 熱が出た母をカンビョウした。
14 彼はスジガネ入りの畳職人だ。
15 タイクツしのぎに雑誌を読んだ。
16 奇襲で敵陣をコウリャクした。
17 街のケイカンが一望できる丘だ。
18 ケイカンが交通整理をしている。
19 疑問はサイゲンなくわいてくる。
20 そのときの状況をサイゲンする。
21 年月をヘるうちに変化した。
22 地方自治体の予算がヘる。
23 連絡がタえた友人を心配する。
24 痛みにタえて競技を続けた。

多岐亡羊（たきぼうよう）
羊を追いかけたところ、分かれ道が多く、結局とり逃がしてしまったという故事から、「学問の道が多方面に分かれて真理をとらえることができないこと・方針が多すぎて選択《せんたく》に迷うこと」をいいます。「岐」は分かれ道の意。例…多岐亡羊で方針が決まらない。

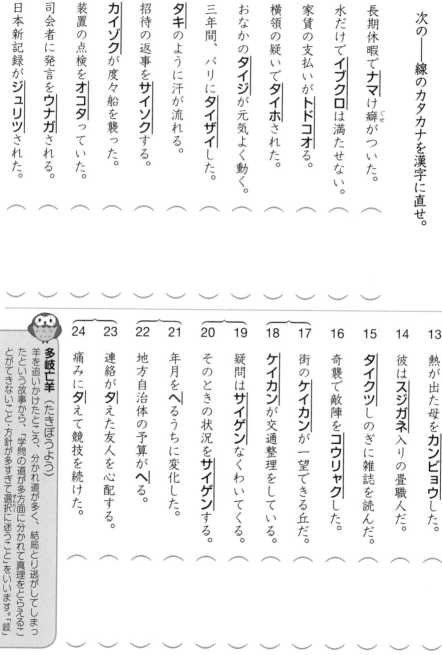

漢字	読み	画数	部首	部首名	漢字の意味	用例	筆順
択	音 タク／訓 ―	7	扌	てへん	えらぶ・よりわける	択一《たくいつ》・採択《さいたく》・選択《せんたく》・取捨選択《しゅしゃせんたく》・二者択一《にしゃたくいつ》	択 択 択 択 択 択 択
卓	音 タク／訓 ―	8	十	じゅう	すぐれている・つくえ	卓越《たくえつ》・卓抜《たくばつ》・卓球《たっきゅう》・卓見《たっけん》・高論卓説《こうろんたくせつ》・食卓《しょくたく》	卓 卓 卓 卓 卓 卓 卓 卓
託	音 タク／訓 ―	10	言	ごんべん	まかせる・かこつける	託児所《たくじしょ》・託宣《たくせん》・委託《いたく》・屈託《くったく》・結託《けったく》・嘱託《しょくたく》・信託《しんたく》	託 託 託 託 託 託 託 託 託 託
諾	音 ダク／訓 ―	15	言	ごんべん	ひきうける・承知する	諾否《だくひ》・唯唯諾諾《いいだくだく》・快諾《かいだく》・許諾《きょだく》・受諾《じゅだく》・承諾《しょうだく》・内諾《ないだく》	諾 諾 諾 諾4 諾7 諾 諾 諾 諾 諾15
奪	音 ダツ／訓 うば(う)	14	大	だい	うばう・しいてとる	奪回《だっかい》・奪還《だっかん》・奪取《だっしゅ》・強奪《ごうだつ》・生殺与奪《せいさつよだつ》・争奪《そうだつ》・目《め》を奪《うば》う	奪 奪3 奪5 奪 奪 奪 奪11 奪 奪 奪
胆	音 タン／訓 ―	9	月	にくづき	きも・度胸・本心	胆大心小《たんだいしんしょう》・豪胆《ごうたん》・魂胆《こんたん》・大胆《だいたん》・落胆《らくたん》	胆 胆 胆 胆 胆 胆 胆 胆 胆
鍛	音 タン／訓 きた(える)	17	金	かねへん	きたえる・練る	鍛練《たんれん》・鍛錬《たんれん》・心身《しんしん》を鍛《きた》える	鍛5 鍛8 鍛 鍛 鍛12 鍛 鍛 鍛 鍛 鍛
壇	音 ダン、タン 高／訓 ―	16	土	つちへん	だん・専門家たちの社会	壇上《だんじょう》・花壇《かだん》・画壇《がだん》・教壇《きょうだん》・祭壇《さいだん》・登壇《とうだん》・文壇《ぶんだん》・土壇場《どたんば》	壇2 壇 壇5 壇7 壇10 壇 壇 壇 壇15 壇

ステップ22

練習問題

1	/24
2	/10
3	/7
4	/24

月　日

1 次の——線の漢字の読みをひらがなで記せ。

1 伝統的な画壇に新風を吹き込む。

2 大雪で通勤の足を奪われた。

3 使用前に管理者の許諾を求める。

4 スポーツは心身の鍛錬《れん》に役立つ。

5 屈託のない人で付き合いやすい。

6 業界内で有能な人材を争奪する。

7 普段から足腰を鍛えておく。

8 賛成多数で動議が採択された。

9 旅先の宿で友人と卓球に興じた。

10 会社の嘱託医に不調を相談した。

11 二者択一の状況に追い込まれる。

12 政権の奪回を目指している。

13 事後承諾で申し訳ありません。

14 卓抜した技で世間に名をはせる。

15 何か魂胆のありそうな顔だ。

16 義士の討ち入りを扱った小説だ。

17 美しい装丁の絵本を買った。

18 真っ暗な部屋を手探りで進む。

19 製糸工場で生糸を生産している。

20 二人の間に友情が芽生える。

21 著作権は保護されるべきだ。

22 数々の名作を著した作家だ。

23 会場周辺の警戒にあたる。

24 不誠実な発言を戒めた。

2 次の各組の熟語が類義語の関係になるように、（　）に入る漢字を後の［　］の中から選べ。［　］の中の漢字は一度だけ使うこと。

1 卓越―抜（　）
2 失望―落（　）
3 正邪―是（　）
4 我慢―（　）抱
5 両者―（　）方
6 不足―（　）如
7 勘弁―容（　）
8 怠慢―（　）着
9 処置―（　）置
10 図書―書（　）

横・群・欠・赦・辛・籍・措・双・胆・非

3 次の――線のカタカナにあてはまる漢字をそれぞれのア・イから選び、記号で記せ。

1 相手の陣営に**セン**入して調査する。（ア 宣　イ 潜）（　）
2 あの人は**ソ**暴な振る舞いが目立つ。（ア 粗　イ 阻）（　）
3 新しい時代の**タイ**動が聞こえる。（ア 怠　イ 胎）（　）
4 一家そろって食**タク**を囲む。（ア 卓　イ 託）（　）
5 彼は豪**タン**な性格で頼もしい。（ア 鍛　イ 胆）（　）
6 大らかで物**オ**しみしない人物だ。（ア 惜　イ 押）（　）
7 竹ぼうきで**ハ**いた跡が残っている。（ア 吐　イ 掃）（　）

4 次の——線のカタカナを漢字に直せ。

1 外部の業者に業務を**イタク**する。
2 序盤から大量リードを**ウバ**った。
3 進学コースを**センタク**する。
4 敵は**ダイタン**な攻撃に出てきた。
5 設立費用の援助を**カイダク**した。
6 校庭の**カダン**の土を耕す。
7 **タクエツ**した技術を有している。
8 二人組に現金を**ゴウダツ**された。
9 **キタ**えあげた筋肉を誇示する。
10 人気講師が**トウダン**する。
11 注意点を**ク**り返し述べる。
12 **シニセ**の和菓子を取り寄せた。

13 行政改革の**シシン**が示された。
14 金属をみがいて**コウタク**を出す。
15 子どもの**コウキ**心を育む体験だ。
16 人事の**サッシン**を図る。
17 勉強して弁護士の**シカク**を取る。
18 **シカク**が退化した動物もいる。
19 医師が**カンシュウ**した本を出す。
20 多くの**カンシュウ**が拍手をした。
21 野原に咲く花を一輪**ツ**んだ。
22 トラックに荷物を**ツ**んで運ぶ。
23 直進して次の**カド**を右に曲がる。
24 笑う**カド**には福来たる。

高論卓説（こうろんたくせつ）
「優れた意見や議論」という意味の四字熟語です。「高」は「程度がたかい」、「卓」は「他より抜きんでている」という、似た意味を表しています。他人の意見や議論を敬っていう言葉です。
例…講演者の高論卓説を拝聴《はいちょう》した。

漢字表

ステップ 23

漢字	読み	画数	部首	部首名	漢字の意味	用例	筆順
稚	音 チ 訓 —	13	禾	のぎへん	おさない・未熟だ	稚気《ちき》・稚魚《ちぎょ》・稚拙《ちせつ》・幼稚《ようち》・稚児《ちご》	稚
畜	音 チク 訓 —	10	田	た	動物を飼う・飼っている動物	畜産《ちくさん》・畜産業《ちくさんぎょう》・畜生《ちくしょう》・家畜《かちく》・牧畜《ぼくちく》	畜
窒	音 チツ 訓 —	11	穴	あなかんむり	ふさがる・元素の一つ	窒素《ちっそ》・窒息《ちっそく》	窒
抽	音 チュウ 訓 —	8	扌	てへん	ぬく・ひきだす	抽出《ちゅうしゅつ》・抽象《ちゅうしょう》・抽象画《ちゅうしょうが》・抽選《ちゅうせん》	抽
鋳	音 チュウ 訓 い(る)	15	金	かねへん	金属をとかして型に流しこみ、器物を作る	鋳金《ちゅうきん》・鋳造《ちゅうぞう》・鋳鉄《ちゅうてつ》・改鋳《かいちゅう》・鋳型《いがた》・鋳物《いもの》	鋳
駐	音 チュウ 訓 —	15	馬	うまへん	とまる・とどまる	駐在《ちゅうざい》・駐車《ちゅうしゃ》・駐屯《ちゅうとん》・駐留《ちゅうりゅう》・常駐《じょうちゅう》・進駐《しんちゅう》	駐
彫	音 チョウ 訓 ほ(る)	11	彡	さんづくり	きざんで形をつける・ほりもの	彫金《ちょうきん》・彫工《ちょうこう》・彫刻《ちょうこく》・彫塑《ちょうそ》・彫像《ちょうぞう》・木彫《きぼ》り	彫
超	音 チョウ 訓 こ(える) こ(す)	12	走	そうにょう	こえる・かけはなれる・すぐれる	超越《ちょうえつ》・超過《ちょうか》・超人《ちょうじん》・超絶《ちょうぜつ》・超然《ちょうぜん》・入超《にゅうちょう》・限度《げんど》を超《こ》える	超

ステップ23 練習問題

1	/24
2	/10
3	/10
4	/24

月　日

1 次の——線の漢字の読みをひらがなで記せ。

1 研修で牧畜の盛んな国を訪ねた。（　　）
2 宝くじの抽選は公開で行われる。（　　）
3 昔から鋳物の金具を作っている。（　　）
4 そんな幼稚な発想では困る。（　　）
5 兄は仕事で海外に駐在している。（　　）
6 彫金の教室でブローチを作った。（　　）
7 出費が予算額を超えてしまった。（　　）
8 偽造《ぎぞう》防止のため硬貨を改鋳する。（　　）
9 パステルで抽象画を描いた。（　　）
10 液体窒素は冷却剤に用いられる。（　　）
11 管理人が常駐するマンションだ。（　　）
12 お土産に木彫りの人形を買った。（　　）
13 部隊が戦闘地域に駐留している。（　　）
14 農業や畜産業の振興を図る。（　　）
15 本作品で彫工として名をはせた。（　　）
16 予定時間を大幅に超過した。（　　）
17 仕事では父と師弟関係になる。（　　）
18 用意万端整ってからくつろいだ。（　　）
19 販売促進のために見本を配る。（　　）
20 忘れ物がないよう注意を促した。（　　）
21 優劣をつけずに作品を評価する。（　　）
22 見た目はよいが性能の面で劣る。（　　）
23 極上のワインを味わう。（　　）
24 初舞台に感極まって泣き出した。（　　）

2 熟語の構成のしかたには次のようなものがある。

ア 同じような意味の漢字を重ねたもの（岩石）
イ 反対または対応の意味を表す字を重ねたもの（高低）
ウ 上の字が下の字を修飾しているもの（洋画）
エ 下の字が上の字の目的語・補語になっているもの（着席）
オ 上の字が下の字の意味を打ち消しているもの（非常）

次の熟語は右のア〜オのどれにあたるか、一つ選び、記号で記せ。

1 不吉（　）
2 選択（　）
3 彫刻（　）
4 潜水（　）
5 稚魚（　）
6 登壇（　）
7 家畜（　）
8 遭難（　）
9 愛憎（　）
10 精粗（　）

3 次の――線のカタカナを漢字一字と送りがな（ひらがな）に直せ。

〈例〉問題にコタエル。（答える）

1 ナマケルことなく学び続ける。（　）
2 健康のため糖分をヒカエル。（　）
3 店頭に客がムラガッていた。（　）
4 法のサバキを受けるべきだ。（　）
5 彼にはウタガワシイ言動が多い。（　）
6 オサナイころから絵が得意だ。（　）
7 友人から受けた恩にムクイル。（　）
8 思わぬワザワイが降りかかった。（　）
9 心身をキタエルことは大切だ。（　）
10 破れた箇所をツクロッた。（　）

4 次の――線のカタカナを漢字に直せ。

1 玄関先に石の**チョウコク**を飾る。（　　）
2 お寺のつり鐘を**チュウゾウ**する。（　　）
3 規則ずくめで**チッソク**しそうだ。（　　）
4 駅の周辺は**チュウシャ**禁止だ。（　　）
5 ヒノキを使って仏像を**ホ**る。（　　）
6 時代を**チョウエツ**した名作だ。（　　）
7 菜種から油を**チュウシュツ**する。（　　）
8 早起きして**カチク**の世話をする。（　　）
9 放流された**チギョ**が泳ぎ出した。（　　）
10 **イガタ**に溶かした金を流し込む。（　　）
11 もはや犯人は**フクロ**のねずみだ。（　　）
12 国連への**カメイ**が認められた。（　　）
13 ナイル川の**ミナモト**を調査する。（　　）
14 前後の**ミサカイ**もなく行動した。（　　）
15 生徒を**インソツ**して会場に入る。（　　）
16 新製品の**センデン**に力を入れる。（　　）
17 **タタミ**に正座して足がしびれた。（　　）
18 贈り物をきれいに**ホウソウ**した。（　　）
19 テレビで試合が**ホウソウ**された。（　　）
20 三十代**ナカ**ばにして起業した。（　　）
21 私たちは**ナカ**のよい兄弟だ。（　　）
22 箱の**ナカ**には衣類が入っていた。（　　）
23 投げ**ワザ**で相手を負かす。（　　）
24 人間**ワザ**とは思えない出来だ。（　　）

使い分けよう！　**ほる【彫・掘】**
彫る…例　板に文字を彫る　木彫りの熊　（きざみつける）
掘る…例　井戸を掘る　いもを掘る　（地面に穴をあける・土から取り出す）

漢字	読み	画数	部首	部首名	漢字の意味	用例	筆順
聴	音 チョウ 訓 き(く)	17	耳	みみへん	よくきく・注意してきく	聴講《ちょうこう》・聴取《ちょうしゅ》・聴衆《ちょうしゅう》・聴力《ちょうりょく》・傾聴《けいちょう》・試聴《しちょう》・静聴《せいちょう》・傍聴《ぼうちょう》	聴 聴 聴4 聴 聴 聴 聴 聴10 聴13 聴17
陳	音 チン 訓 ―	11	阝	こざとへん	ならべる・申し立てる・古くさい	陳謝《ちんしゃ》・陳述《ちんじゅつ》・陳情《ちんじょう》・陳腐《ちんぷ》・陳列《ちんれつ》・開陳《かいちん》・新陳代謝《しんちんたいしゃ》	陳 陳 陳 陳 陳 陳 陳8 陳 陳 陳
鎮	音 チン 訓 しず(める) 高 しず(まる) 高	18	金	かねへん	おさえるもの・しずめる・おちつかせる	鎮圧《ちんあつ》・鎮火《ちんか》・鎮魂《ちんこん》・鎮座《ちんざ》・鎮守《ちんじゅ》・鎮静《ちんせい》・鎮痛《ちんつう》・重鎮《じゅうちん》	鎮5 鎮7 鎮 鎮 鎮 鎮 鎮 鎮15 鎮 鎮18
墜	音 ツイ 訓 ―	15	土	つち	おちる・おとす・うしなう	墜死《ついし》・墜落《ついらく》・撃墜《げきつい》・失墜《しっつい》	墜 墜 墜 墜6 墜8 墜10 墜 墜 墜14 墜
帝	音 テイ 訓 ―	9	巾	はば	天子・天皇・みかど	帝位《ていい》・帝王《ていおう》・帝国《ていこく》・皇帝《こうてい》	帝 帝 帝 帝 帝 帝 帝 帝 帝
訂	音 テイ 訓 ―	9	言	ごんべん	なおす・はかる	訂正《ていせい》・改訂《かいてい》・改訂版《かいていばん》・校訂《こうてい》・増訂《ぞうてい》・補訂《ほてい》	訂 訂 訂 訂 訂 訂 訂 訂 訂
締	音 テイ 訓 し(まる) し(める)	15	糸	いとへん	とりきめる・しめる	締結《ていけつ》・締盟《ていめい》・締約《ていやく》・戸締《とじ》まり・引《ひ》き締《し》める	締3 締 締6 締8 締10 締 締 締 締 締
哲	音 テツ 訓 ―	10	口	くち	物事の深い道理・賢明で知恵のある人	哲学《てつがく》・哲人《てつじん》・哲理《てつり》・賢哲《けんてつ》・聖哲《せいてつ》・先哲《せんてつ》・変哲《へんてつ》	哲 哲 哲 哲 哲 哲 哲 哲 哲 哲

練習問題

1	/24
2	/10
3	/9
4	/24

月　日

1 次の――線の漢字の読みをひらがなで記せ。

1 帝王としての威厳を身につける。（　　）
2 業界の信用を失墜させる事件だ。（　　）
3 両国で自由貿易協定を締約する。（　　）
4 古文書を校訂して先月出版した。（　　）
5 会場中に鎮魂の歌が響き渡る。（　　）
6 住民の声を聴く会が持たれる。（　　）
7 公の場で正式に陳謝する。（　　）
8 物事を哲学的に考える。（　　）
9 民間機が誤って撃墜された。（　　）
10 傾聴にあたいする意見だ。（　　）
11 陳腐な表現で新鮮味に欠ける。（　　）
12 彼は見識高く、まさに哲人だ。（　　）
13 気を引き締めて行動する。（　　）
14 聴衆に応えて演者は手を振った。（　　）
15 暴動は程なく鎮圧された。（　　）
16 医師からは鼻炎だと言われた。（　　）
17 親切でしたことが裏目に出る。（　　）
18 両親はまさに好一対の夫婦だ。（　　）
19 野外でイベントが開催される。（　　）
20 夏休みの催しに親子で参加する。（　　）
21 カエルが冬眠から目覚める。（　　）
22 うっかり居眠りしてしまった。（　　）
23 話題の恋愛小説が映画化される。（　　）
24 初恋の思い出をなつかしむ。（　　）

2 次の漢字の中で一つだけ他の漢字とは部首が異なるものがある。その漢字の記号を記せ。

1 〔ア 契　イ 奇　ウ 奮　エ 突　オ 奥〕（　）
2 〔ア 操　イ 哲　ウ 接　エ 掛　オ 擦〕（　）
3 〔ア 鼻　イ 畜　ウ 甲　エ 畳　オ 界〕（　）
4 〔ア 墜　イ 随　ウ 隣　エ 陛　オ 隔〕（　）
5 〔ア 帰　イ 布　ウ 締　エ 常　オ 師〕（　）
6 〔ア 命　イ 聖　ウ 器　エ 可　オ 和〕（　）
7 〔ア 熊　イ 熟　ウ 然　エ 蒸　オ 烈〕（　）
8 〔ア 胃　イ 肩　ウ 婿　エ 背　オ 能〕（　）
9 〔ア 宇　イ 富　ウ 寄　エ 室　オ 察〕（　）
10 〔ア 刑　イ 刷　ウ 削　エ 剣　オ 倒〕（　）

3 次の――線のカタカナにあてはまる漢字をそれぞれのア～オから一つ選び、記号で記せ。

1 被害者から事情を**チョウ**取する。（　）
2 芸術家の**チョウ**刻作品を展示する。（　）
3 彼は**チョウ**人的な活躍を続けた。（　）
（ア 聴　イ 徴　ウ 跳　エ 彫　オ 超）

4 大臣に環境保全を**チン**情した。（　）
5 漫画界の重**チン**として意見する。（　）
6 景気はここ数年**チン**滞気味だ。（　）
（ア 珍　イ 沈　ウ 陳　エ 賃　オ 鎮）

7 賛成が多数を**シ**めて可決した。（　）
8 財布のひもを**シ**めて生活する。（　）
9 真綿で首を**シ**めるような手口だ。（　）
（ア 強　イ 絞　ウ 占　エ 締　オ 閉）

4 次の——線のカタカナを漢字に直せ。

1 革命でコウテイの位を追われた。
2 何のヘンテツもなさそうな車だ。
3 条約のテイケツに向け協議する。
4 裁判を初めてボウチョウする。
5 隣家に燃え移る前にチンカした。
6 五月人形がチンレツされている。
7 国語辞典のカイテイ版が出た。
8 ツイラク事故の防止に努める。
9 ドライバーでねじを強くシめる。
10 番組のシチョウ率を調べる。
11 文字の間違いをテイセイする。
12 ワケを話して許してもらう。
13 日本国ケンポウの精神を学ぶ。
14 二つの案をヒカクして検討する。
15 アズキでおしるこを作った。
16 季節がメグり、春がやってきた。
17 積雪で道路がヘイサされた。
18 従来品よりカクダンに進歩した。
19 結婚式のシカイを務めた。
20 霧が晴れてシカイが開けた。
21 世の厳しさをツウセツに感じる。
22 ツウセツをくつがえす新発見だ。
23 ニても焼いても食えない人だ。
24 目元が母にニていると言われた。

使い分けよう！ きく【聞・聴】
聞く…例 物音を聞く 話し声を聞く うわさに聞く
（耳に入る・広く一般的に用いる）
聴く…例 音楽を聴く 国民の声を聴く 講演を聴く
（注意して耳を傾ける）

力だめし

第4回

総得点 /100

評価 A B C D E（80点 75点 70点 60点）

月　日

1 次の——線の漢字の読みをひらがなで記せ。

1×10 /10

1 桑の実でジャムを作る。（　）
2 被験者を無作為に抽出する。（　）
3 寺の境内を掃き清める。（　）
4 政界の重鎮として知られている。（　）
5 滝で知られる名勝の地を訪れる。（　）
6 彫りの深い顔立ちをしている。（　）
7 母親が胎児に優しく語りかける。（　）
8 基礎学力の欠如を指摘された。（　）
9 舞う桜に惜春の思いを味わう。（　）
10 微生物の増殖を阻害する。（　）

2 熟語の構成のしかたには次のようなものがある。

1×10 /10

ア 同じような意味の漢字を重ねたもの（岩石）
イ 反対または対応の意味を表す字を重ねたもの（高低）
ウ 上の字が下の字を修飾しているもの（洋画）
エ 下の字が上の字の目的語・補語になっているもの（着席）
オ 上の字が下の字の意味を打ち消しているもの（非常）

次の熟語は右のア〜オのどれにあたるか、一つ選び、記号で記せ。

1 幼稚（　）
2 海賊（　）
3 未完（　）
4 粗密（　）
5 氷塊（　）
6 鎮魂（　）
7 超越（　）
8 聴講（　）
9 昇降（　）
10 未遂（　）

3

次の――線のカタカナを漢字一字と送りがな（ひらがな）に直せ。

〈例〉問題にコタエル。（答える）

1×10 ／10

1 紅茶にブランデーをタラシた。（　）
2 ニクラシイほどの腕前だった。（　）
3 姉が家計をアズカッている。（　）
4 注意をオコタラずに運転する。（　）
5 激しい集中砲火をアビセル。（　）
6 山脈が長くツラナル。（　）
7 短期間にイチジルシク発展する。（　）
8 式はトドコオリなく挙行された。（　）
9 将棋でついに父親をマカシた。（　）
10 イサマシイ姿で敵に立ち向かう。（　）

4

次の――線のカタカナにあてはまる漢字をそれぞれのア～オから一つ選び、記号で記せ。

1×10 ／10

1 光タクのある生地で服を作る。（　）
2 彼女の英語力はタク越している。（　）
3 後のことは後輩にタクする。（　）
（ア沢　イ宅　ウ卓　エ拓　オ託）

4 部屋を借りるには保証人がイる。（　）
5 硬貨をイる技術は古くからあった。（　）
6 人をイるような鋭い眼光だ。（　）
（ア鋳　イ言　ウ居　エ要　オ射）

7 古代ローマ皇テイの名を挙げる。（　）
8 法にテイ触する行為だ。（　）
9 仕様書の内容を一部改テイした。（　）
10 平和条約がテイ結される。（　）
（ア堤　イ帝　ウ訂　エ抵　オ締）

5 次の各文にまちがって使われている同じ読みの漢字が一字ある。上に誤字を、下に正しい漢字を記せ。

2×5 ／10

誤（　）正（　）

1 説明書にある手順で機械を掃作しても始動しない場合は故障の疑いがあります。（　）（　）

2 相手を裁判所に提訴して慰謝料を精求できるかどうか、弁護士に相談した。（　）（　）

3 微生物の力で発香させた食べ物には栄養素が多く含まれ、健康効果が期待される。（　）（　）

4 既存の業種における規制の一部を緩和して、新規事業者の参入を促伸する。（　）（　）

5 私立学校を設置する学校法人については、税制上の優遇訴置が講じられている。（　）（　）

---

6 後の［　］内のひらがなを漢字に直して（　）に入れ、対義語・類義語を作れ。［　］内のひらがなは一度だけ使い、漢字一字を記せ。

1×10 ／10

対義語

1 精密—粗（　）
2 徴収—（　）入
3 釈放—（　）捕
4 鎮静—興（　）
5 辞退—承（　）

類義語

6 露見—発（　）
7 応援—（　）勢
8 携帯—所（　）
9 肝心—大（　）
10 即刻—（　）速

［か・かく・さっ・ざつ・じ・せつ・たい・だく・のう・ふん］

7 次の（　）内に入る適切な語を、後の［　］の中から選び、四字熟語を完成せよ。［　］の中の語は一度だけ使うこと。

2×10 ／20

1 （　）万丈
2 取捨（　）
3 失望（　）
4 一日（　）
5 （　）方正
6 前後（　）
7 七転（　）
8 （　）代謝
9 活殺（　）
10 天下（　）

気炎・自在・新陳・千秋・選択・八倒・品行・不覚・無双・落胆

8 次の――線のカタカナを漢字に直せ。

2×10 ／20

1 弟の**シュウショク**先が決まった。（　）
2 革命で王の権威は**シッツイ**した。（　）
3 耳をつんざくような**サケ**び声だ。（　）
4 逃げるのは**トクサク**ではない。（　）
5 多様性も自然の**セツリ**である。（　）
6 家族で**アナバ**の温泉に行った。（　）
7 知人の**ソウシキ**に参列する。（　）
8 ここでは**スモグ**りの漁が盛んだ。（　）
9 和服に白い**タビ**を合わせた。（　）
10 ご多幸を心から**イノ**ります。（　）

ステップ25

漢字	読み	画数	部首	部首名	漢字の意味	用例
斗	音 ト 訓 ―	4	斗	とます	ひしゃく・容積の単位	一斗缶《いっとかん》・泰斗《たいと》・北斗七星《ほくとしちせい》・冷汗三斗《れいかんさんと》・斗酒《としゅ》なお辞《じ》せず
塗	音 ト 訓 ぬ(る)	13	土	つち	ぬる・まみれる・どろ・みち	塗装《とそう》・塗布《とふ》・塗料《とりょう》・漆塗《うるしぬ》り・上塗《うわぬ》り・朱塗《しゅぬ》り
凍	音 トウ 訓 こお(る)・こご(える)	10	冫	にすい	こおる・こごえる	凍結《とうけつ》・凍死《とうし》・凍傷《とうしょう》・凍土《とうど》・解凍《かいとう》・冷凍《れいとう》・凍《こご》えた手《て》
陶	音 トウ 訓 ―	11	阝	こざとへん	やきもの・うっとりする・教えみちびく	陶器《とうき》・陶芸《とうげい》・陶工《とうこう》・陶磁器《とうじき》・陶酔《とうすい》・陶冶《とうや》・薫陶《くんとう》
痘	音 トウ 訓 ―	12	疒	やまいだれ	ほうそう	種痘《しゅとう》・水痘《すいとう》・天然痘《てんねんとう》
匿	音 トク 訓 ―	10	匸	かくしがまえ	かくす・かくまう	匿名《とくめい》・隠匿《いんとく》・秘匿《ひとく》
篤	音 トク 訓 ―	16	⺮	たけかんむり	まじめだ・熱心だ・てあつい・病気が重い	篤学《とくがく》・篤志家《とくしか》・篤実《とくじつ》・篤農《とくのう》・危篤《きとく》・懇篤《こんとく》
豚	音 トン 訓 ぶた	11	豕	ぶた いのこ	ブタ・自分の子をへりくだっていう言葉	豚児《とんじ》・養豚《ようとん》・豚肉《ぶたにく》・酢豚《すぶた》

筆順

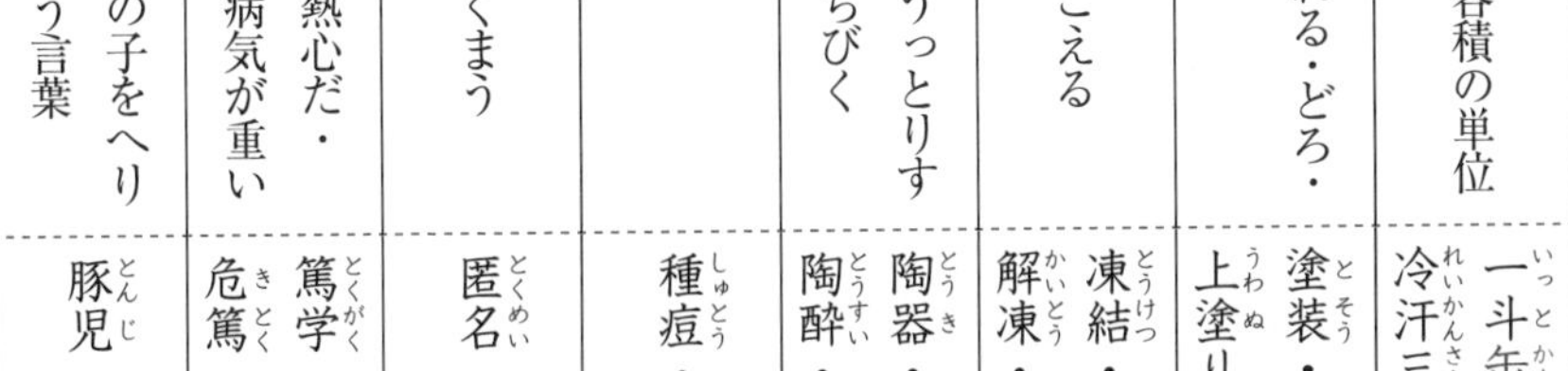

ステップ 25

練習問題

1	/24
2	/10
3	/10
4	/24

月　日

1 次の――線の漢字の読みをひらがなで記せ。

1 外壁が塗装されてよみがえる。（　　）
2 手が凍えて鉛筆が握れない。（　　）
3 彼は自分の演奏に陶酔していた。（　　）
4 一斗缶《かん》の再利用法を考える。（　　）
5 倉庫に密輸品が隠匿されていた。（　　）
6 篤志家からの寄付を受ける。（　　）
7 家畜として豚を飼っている。（　　）
8 ローラーで接着剤を塗布する。（　　）
9 開発計画の一時凍結を決定する。（　　）
10 水痘とは水ぼうそうのことだ。（　　）
11 養豚業を営む農家が多い地方だ。（　　）
12 昨夜の寒さで池の水が凍った。（　　）
13 部屋に陶器の人形を飾る。（　　）
14 父は篤実な性格で人望がある。（　　）
15 登山隊は凍傷に悩まされた。（　　）
16 強すぎる虚栄心は身を滅《ほろ》ぼす。（　　）
17 昔この辺りには桑畑があった。（　　）
18 この先で道は二つに分岐する。（　　）
19 朱塗りの山門が印象的な寺だ。（　　）
20 蒸したタオルで手足をふいた。（　　）
21 定期的に福祉施設を慰問する。（　　）
22 木々の緑が目を慰める。（　　）
23 緩慢な動きが特徴の動物だ。（　　）
24 言葉は緩やかに変化している。（　　）

2 後の［　］内のひらがなを漢字に直して（　）に入れ、対義語・類義語を作れ。［　］内のひらがなは一度だけ使い、漢字一字を記せ。

対義語

1 具体―（　）象
2 優雅―（　）野
3 暴露―（　）匿
4 難解―平（　）
5 強制―（　）意

類義語

6 重体―危（　）
7 薄情―冷（　）
8 潤沢―（　）富
9 展示―（　）列
10 完遂―（　）成

い・そ・たっ・たん・ちゅう・ちん・とく・にん・ひ・ほう

3 文中の四字熟語の――線のカタカナを漢字に直し、二字で記せ。

1 シンケン勝負で事に当たる。（　）
2 首尾イッカンした態度で臨む。（　）
3 彼のダイタン不敵な行動に驚く。（　）
4 情勢は暗雲テイメイしている。（　）
5 国王がセイサツ与奪の権を握る。（　）
6 寂れてコジョウ落日の観がある。（　）
7 努力して立身シュッセを果たす。（　）
8 僧が因果オウホウの教えを説く。（　）
9 成功談を得意マンメンに語る。（　）
10 年とともに老成エンジュクした。（　）

4 次の――線のカタカナを漢字に直せ。

1 **トウゲイ**教室で茶わんを作る。（　　）
2 **トクメイ**での掲載を希望する。（　　）
3 **ブタニク**でしょうが焼きを作る。（　　）
4 血も**コオ**るような怖い事件だ。（　　）
5 さび止めの**トリョウ**を使った。（　　）
6 入浴して**コゴ**えた体を温める。（　　）
7 冬の夜空に**ホクト**七星を探した。（　　）
8 **トウシ**しそうなほど外は寒い。（　　）
9 **テンネントウ**は根絶された。（　　）
10 祖父が**キトク**だと知らされる。（　　）
11 歴史を**ヌ**り替えるほどの発見だ。（　　）
12 ごみの不法**トウキ**を監視する。（　　）
13 道の**トチュウ**で引き返す。（　　）
14 飛行機の**ソウジュウ**訓練をする。（　　）
15 **カンジュク**トマトは香りが高い。（　　）
16 勝利の**メガミ**がほほえんだ。（　　）
17 **ビリョク**だが君の役に立ちたい。（　　）
18 冬は空気の**カンソウ**が激しい。（　　）
19 仏前で手を合わせて**オガ**む。（　　）
20 小さな破片が**サンラン**している。（　　）
21 発売**トウショ**と変わらない味だ。（　　）
22 意見を新聞に**トウショ**する。（　　）
23 庭の**イド**から水をくみ上げる。（　　）
24 富士山の**イド**と経度を調べる。（　　）

因果応報（いんがおうほう）
「よい行いをすればよい報いが、悪い行いをすれば悪い報いが必ずあること」を表す四字熟語です。もと仏教の語で、「前世の行いの善悪に応じて現世の幸不幸が、現世の行いの善悪に応じて来世の幸不幸が決まること」を説いたものです。

漢字	読み	画数	部首	部首名	漢字の意味	用例	筆順
尿	音 ニョウ　訓 —	7	尸	かばね しかばね	小便	尿意《にょうい》・尿素《にょうそ》・検尿《けんにょう》・糖尿病《とうにょうびょう》・排尿《はいにょう》・夜尿症《やにょうしょう》	尿 尿 尿 尿 尿 尿 尿
粘	音 ネン　訓 ねば(る)	11	米	こめへん	ねばりつく	粘液《ねんえき》・粘着《ねんちゃく》・粘土《ねんど》・粘膜《ねんまく》・粘《ねば》り気《け》・粘《ねば》り強《づよ》い	粘 2 粘 粘 粘 粘 粘 粘 粘 粘 粘
婆	音 バ　訓 —	11	女	おんな	年とった女の人	お転婆《てんば》・老婆《ろうば》・老婆心《ろうばしん》	婆 2 婆 婆 婆 婆 婆 婆 婆 婆 婆
排	音 ハイ　訓 —	11	扌	てへん	おしのける・ならべる	排煙《はいえん》・排気《はいき》・排出《はいしゅつ》・排除《はいじょ》・排水《はいすい》・排斥《はいせき》・排他《はいた》・排尿《はいにょう》	排 排 排 排 排 排 排 排 排 11 排
陪	音 バイ　訓 —	11	阝	こざとへん	そばにつきしたがう・家来のそのまた家来	陪食《ばいしょく》・陪審《ばいしん》・陪審員《ばいしんいん》・陪席《ばいせき》	陪 陪 陪 陪 陪 陪 7 陪 陪 陪 陪
縛	音 バク　訓 しば(る)	16	糸	いとへん	しばる・自由にさせない	自縄自縛《じじょうじばく》・呪縛《じゅばく》・束縛《そくばく》・捕縛《ほばく》・時間《じかん》に縛《しば》られる	縛 6 縛 縛 縛 縛 11 縛 縛 縛 縛 縛
伐	音 バツ　訓 —	6	亻	にんべん	木を切る・攻める	伐採《ばっさい》・伐木《ばつぼく》・間伐《かんばつ》・殺伐《さつばつ》・討伐《とうばつ》・濫伐《らんばつ》	伐 伐 伐 伐 伐 伐
帆	音 ハン　訓 ほ	6	巾	はばへん きんべん	ほ・ほをあげてはしる	帆船《はんせん》・帆走《はんそう》・出帆《しゅっぱん》・順風満帆《じゅんぷうまんぱん》・帆柱《ほばしら》・白帆《しらほ》	帆 帆 帆 帆 帆 帆

ステップ 26

練習問題

1	/24
2	/10
3	/5
4	/24

月　日

1 次の――線の漢字の読みをひらがなで記せ。

1 粘り強くがんばって逆転した。（　）
2 老婆にも若い女性にも見える絵だ。（　）
3 尿素を配合したクリームを塗る。（　）
4 仏教が排斥された時代もあった。（　）
5 万引きの犯人が捕縛された。（　）
6 この度、陪食の栄に浴しました。（　）
7 お転婆な妹に手を焼いている。（　）
8 ヨットが大海原を帆走した。（　）
9 計画的な伐採で森林を維持する。（　）
10 製品から有害物質を排除する。（　）

11 夏の湖上に白帆が浮かんでいる。（　）
12 古い週刊誌をひもで縛る。（　）
13 テープの粘着力が弱くなった。（　）
14 糖尿病のための食事療法を行う。（　）
15 出帆する船を港から見送る。（　）
16 店舗に排煙設備をつける。（　）
17 副会長と書記を兼ねている。（　）
18 歩合制のある働き先を探す。（　）
19 母は髪を結うのが上手だ。（　）
20 誠を尽くして祖母の看病をした。（　）
21 怖い怪談話に震え上がった。（　）
22 怪しい物音に振り返った。（　）
23 互譲の精神で和平を実現する。（　）
24 不要なものは譲ってください。（　）

2 後の□内のひらがなを漢字に直して（　）に入れ、対義語・類義語を作れ。□内のひらがなは一度だけ使い、漢字一字を記せ。

対義語

1 善良―（　）悪
2 束縛―解（　）
3 進展―停（　）
4 追加―（　）減
5 協調―（　）他

類義語

6 名残―（　）情
7 平定―鎮（　）
8 哀歓―悲（　）
9 重荷―負（　）
10 魂胆―意（　）

あつ・き・さく・じゃ・たい・たん・と・はい・ほう・よ

3 次の各文にまちがって使われている同じ読みの漢字が一字ある。上に誤字を、下に正しい漢字を記せ。

	誤	正
1 不正で腐排した組織を改革するために、現在の役員全ての辞任が求められた。	（　）	（　）
2 刑事事件の心理では、申し出があれば被害者側の意見陳述が認められる。	（　）	（　）
3 海外に注在している姉夫婦がくれた手紙には、鮮やかな色彩の切手がはられていた。	（　）	（　）
4 農家や中小企業における後係者不足が深刻になり、早急な対策が望まれている。	（　）	（　）
5 急激な経済成長で国民の生活水準は向上したが、払った犠征も大きかった。	（　）	（　）

4 次の――線のカタカナを漢字に直せ。

1 子どもがネンドで遊んでいる。（　　）
2 車のハイキガスでの汚染を防ぐ。（　　）
3 分刻みの予定にシバられる。（　　）
4 船はホをあげて外海に出ていく。（　　）
5 病院でケンニョウと採血をした。（　　）
6 ロウバシンながら申し上げます。（　　）
7 バイシン員が判決を評議する。（　　）
8 サツバツとした世相を嘆く。（　　）
9 時間にソクバクされたくない。（　　）
10 大きなハンセンの模型を作る。（　　）
11 かなりネバり気のある米だ。（　　）
12 派遣社員で人員不足をオギナう。（　　）

13 卵を片手でワるのは難しい。（　　）
14 生活のキョテンを海外に移す。（　　）
15 電車のダイヤがコンランした。（　　）
16 ネウちのある硬貨を探している。（　　）
17 ゴウウにより堤防が決壊する。（　　）
18 部屋のマドベに花を飾った。（　　）
19 眼前にシンピ的な風景が広がる。（　　）
20 二酸化炭素は重いキタイだ。（　　）
21 彼は将来をキタイされている。（　　）
22 強風でキタイが大きく揺《ゆ》れた。（　　）
23 危険物の持ち込みはゲンキンだ。（　　）
24 旅行の費用をゲンキンで払う。（　　）

読み方をまちがえやすい漢字

Q…次の語の読み方は?　①排斥　②相克　③掃く
A…①はいせき　②そうこく　③は(く)
「排斥」は「はいそ」、「相克」は「そうかつ」、「掃く」は「ふ(く)」などと読み誤りやすいので注意しましょう。

ステップ 27

漢字	読み	画数	部首	部首名	漢字の意味	用例	筆順
伴	音 ハン・バン 訓 ともな(う)	7	亻	にんべん	つれていく・ともなう・なかま	伴侶《はんりょ》・随伴《ずいはん》・同伴《どうはん》・伴食《ばんしょく》・伴走《ばんそう》・伴奏《ばんそう》・相伴《しょうばん》・相伴《あいとも》う	伴
畔	音 ハン 訓 —	10	田	たへん	あぜ・ほとり・かたわら	河畔《かはん》・湖畔《こはん》・池畔《ちはん》	畔
藩	音 ハン 訓 —	18	艹	くさかんむり	大名の支配した領地・さかい	藩士《はんし》・藩主《はんしゅ》・藩制《はんせい》・脱藩《だっぱん》	藩
蛮	音 バン 訓 —	12	虫	むし	文化のひらけていない種族・行いが荒っぽい	蛮行《ばんこう》・蛮人《ばんじん》・蛮声《ばんせい》・蛮勇《ばんゆう》・野蛮《やばん》	蛮
卑	音 ヒ 訓 いや(しい)高・いや(しむ)高・いや(しめる)高	9	十	じゅう	いやしい・ひくい・へりくだる	卑近《ひきん》・卑屈《ひくつ》・卑下《ひげ》・卑見《ひけん》・卑劣《ひれつ》・尊卑《そんぴ》・野卑《やひ》	卑
碑	音 ヒ 訓 —	14	石	いしへん	いしぶみ・石に文字をほったもの	碑文《ひぶん》・碑銘《ひめい》・記念碑《きねんひ》・句碑《くひ》・石碑《せきひ》・墓碑《ぼひ》	碑
泌	音 ヒツ・ヒ高 訓 —	8	氵	さんずい	しみでる・にじみでる	分泌《ぶんぴつ》《ぶんぴ》・分泌量《ぶんぴつりょう》《ぶんぴりょう》・泌尿器《ひにょうき》	泌
姫	音 — 訓 ひめ	10	女	おんなへん	身分の高い人の娘・女の子・小さい	姫君《ひめぎみ》・歌姫《うたひめ》・舞姫《まいひめ》	姫

ステップ 27

練習問題

1	/24
2	/9
3	/5
4	/24

月　日

1 次の――線の漢字の読みをひらがなで記せ。

1 保護者同伴で面接試験を受ける。（　）
2 セーヌ河畔の並木道を散歩した。（　）
3 卑見を述べさせていただく。（　）
4 蛮勇を奮って計画を断行する。（　）
5 彼は名実相伴う立派な政治家だ。（　）
6 胃液の分泌が不足気味のようだ。（　）
7 石碑の文字を繰り返し模写する。（　）
8 創作劇で姫君の役を演じる。（　）
9 頼まれてピアノの伴奏をする。（　）
10 明治政府は旧来の藩制を廃《はい》した。（　）
11 そんなに卑下する必要はない。（　）
12 境内には名士の句碑がある。（　）
13 歌姫の美声に聞きほれた。（　）
14 卑劣な手段を使ってはならない。（　）
15 北斗七星は大熊座の一部である。（　）
16 彼らはとても似合いの夫婦だ。（　）
17 卵黄を使ってプリンを作る。（　）
18 恩師の一言で不安は一掃された。（　）
19 世界一周など私には無縁の話だ。（　）
20 彼は仏の化身のような人物だ。（　）
21 滞納していた会費を払った。（　）
22 式典は滞りなく進行していった。（　）
23 関連会社の顧問に就任する。（　）
24 近隣の迷惑を顧みない大音響だ。（　）

2 次の――線のカタカナにあてはまる漢字をそれぞれのア～オから一つ選び、記号で記せ。

1 できずとも**ヒ**屈になることはない。（　）
2 芭蕉《ばしょう》の句を記した**ヒ**が建っている。（　）
3 表情には**ヒ**労が色濃く表れていた。（　）

（ア 卑　イ 避　ウ 碑　エ 疲　オ 被）

4 冷**トウ**食品をレンジで調理する。（　）
5 **トウ**器でできた花びんを飾る。（　）
6 かつて天然**トウ**が猛威を振るった。（　）

（ア 痘　イ 陶　ウ 透　エ 盗　オ 凍）

7 冒険家が自作の**ハン**船で航海する。（　）
8 機械でにせ札を**ハン**別する。（　）
9 幕末の名君と言われた**ハン**主だ。（　）

（ア 伴　イ 畔　ウ 藩　エ 判　オ 帆）

3 1～5の三つの□に共通する漢字を入れて熟語を作れ。漢字はア～コから一つ選び、記号で記せ。

1 雑□・□事・□飯（　）
2 □行・野□・□声（　）
3 傾□・傍□・□力（　）
4 □潤・□気・除□（　）
5 □圧・重□・□魂（　）

ア 鎮　イ 酔　ウ 聴　エ 向　オ 乾
カ 炊　キ 蛮　ク 湿　ケ 陳　コ 変

4 次の――線のカタカナを漢字に直せ。

1 **コハン**のホテルで休日を過ごす。
2 法改正に**トモナ**い規約を改める。
3 言動は**ヤバン**だが根はいい人だ。
4 **ボヒ**には彼の俗名が記された。
5 夏には汗の**ブンピツ**量が増える。
6 かぐや**ヒメ**は光る竹から現れた。
7 通訳として特使に**ズイハン**した。
8 吉田松陰《よしだしょういん》は長州の**ハンシ**だった。
9 自分の**ヒクツ**な性格を直したい。
10 私もお**ショウバン**にあずかった。
11 少しの**ゴサ**なら許容できる。
12 **トウメイ**な袋にごみを入れる。
13 試合のため外国に**エンセイ**する。
14 フランスの**キュウデン**を見る。
15 **ゼツミョウ**な肉の焼き加減だ。
16 **コクモツ**と野菜を輸入する。
17 現実は理想とは**ホドトオ**い。
18 **オウギ**をかざして舞い踊った。
19 大臣が南米諸国を**レキホウ**する。
20 両国の国歌を**エンソウ**する。
21 ついたうそを**ハクジョウ**する。
22 助けないとは**ハクジョウ**な人だ。
23 壮大《そうだい》な物語の構想を**ネ**る。
24 明日に備えて早めに**ネ**る。

使い分けよう！ **かえりみる【顧・省】**

顧みる…例 半生を顧みる 結果を顧みる（思い返す・気にかける）

省みる…例 我が身を省みる（反省する）

漢字表

ステップ28

漢字	読み	画数	部首	部首名	漢字の意味	用例	筆順
漂	音 ヒョウ 訓 ただよ(う)	14	氵	さんずい	ただよう・さらす	漂着《ひょうちゃく》・漂白《ひょうはく》・漂泊《ひょうはく》	漂 漂 漂 漂 漂 漂 漂 漂 漂 漂
苗	音 ビョウ 高 訓 なえ なわ	8	艹	くさかんむり	なえ・子孫	種苗《しゅびょう》・痘苗《とうびょう》・苗木《なえぎ》・苗床《なえどこ》・苗代《なわしろ》	苗 苗 苗 苗 苗 苗 苗 苗
赴	音 フ 訓 おもむ(く)	9	走	そうにょう	おもむく・目的地へ行く	赴任《ふにん》・快方《かいほう》に赴《おもむ》く・任地《にんち》に赴《おもむ》く	赴 赴 赴 赴 赴 赴 赴 赴 赴
符	音 フ 訓 ―	11	⺮	たけかんむり	まもりふだ・しるし・証拠となるふだ	符合《ふごう》・音符《おんぷ》・切符《きっぷ》・終止符《しゅうしふ》・免罪符《めんざいふ》	符 符 符 符 符 符 符 符 符 符
封	音 フウ ホウ 訓 ―	9	寸	すん	とじる・領地をあたえる・境界	封印《ふういん》・封鎖《ふうさ》・封筒《ふうとう》・開封《かいふう》・完封《かんぷう》・密封《みっぷう》・封建《ほうけん》・素封家《そほうか》	封 封 封 封 封 封 封 封 封
伏	音 フク 訓 ふ(せる) ふ(す)	6	亻	にんべん	ふせる・かくす・相手にしたがう	伏線《ふくせん》・伏兵《ふくへい》・起伏《きふく》・潜伏《せんぷく》・平伏《へいふく》	伏 伏 伏 伏 伏 伏
覆	音 フク 訓 おお(う) くつがえ(す) 高 くつがえ(る) 高	18	覀	おおいかんむり	かぶせる・ひっくり返す・くり返す	覆水《ふくすい》・覆面《ふくめん》・転覆《てんぷく》・被覆《ひふく》・目《め》を覆《おお》う	覆 覆 覆 覆 覆 覆 覆 覆 覆 覆
紛	音 フン 訓 まぎ(れる) まぎ(らす) まぎ(らわす) まぎ(らわしい)	10	糸	いとへん	もつれる・まぎれてしまう・みだれる	紛糾《ふんきゅう》・紛失《ふんしつ》・紛争《ふんそう》・内紛《ないふん》・苦《くる》し紛《まぎ》れ	紛 紛 紛 紛 紛 紛 紛 紛 紛 紛

ステップ28

練習問題

1
1 24
2 10
3 10
4 24
月　日

1 次の――線の漢字の読みをひらがなで記せ。

1 主人公は長い漂泊の旅に出た。
2 伏線に気づかずに読み進んだ。
3 県知事が工場の視察に赴いた。
4 五線紙に音符を書き写した。
5 容器に入れて密封する。
6 何気ないしぐさに気品が漂う。
7 政権転覆の企てが明るみに出る。
8 外出中に大事な書類を紛失する。
9 十日の潜伏期間を経て発病した。
10 シャツについたしみを漂白する。
11 ハーブを苗から育てている。
12 今春から関東の支社に赴任する。
13 投手の好投で完封勝ちした。
14 池の表面は水草に覆われている。
15 投書は名前を伏せて発表された。
16 気を紛らすため旅行に出かける。
17 覆面をしたレスラーが登場した。
18 日本画の名匠として知られる。
19 とうてい太刀打ちできない。
20 幕末の諸大名の石高を調べる。
21 出版社の既刊本一覧を見る。
22 彼女は既に名が知られた作家だ。
23 物音のした辺りを凝視する。
24 息を凝らして成り行きを見守る。

2 次の漢字の中で一つだけ他の漢字とは部首が異なるものがある。その漢字の記号を記せ。

1 〔ア 墾　イ 堅　ウ 封　エ 圧　オ 報〕（　）
2 〔ア 塗　イ 混　ウ 沈　エ 漂　オ 瀬〕（　）
3 〔ア 苗　イ 荒　ウ 葬　エ 幕　オ 茂〕（　）
4 〔ア 難　イ 雇　ウ 稚　エ 雅　オ 雄〕（　）
5 〔ア 尽　イ 尾　ウ 屈　エ 尿　オ 釈〕（　）
6 〔ア 克　イ 啓　ウ 否　エ 哀　オ 善〕（　）
7 〔ア 翌　イ 扇　ウ 習　エ 翼　オ 羽〕（　）
8 〔ア 徴　イ 径　ウ 律　エ 御　オ 衝〕（　）
9 〔ア 歴　イ 歩　ウ 祉　エ 歳　オ 武〕（　）
10 〔ア 桜　イ 彩　ウ 棋　エ 樹　オ 杯〕（　）

3 次の各組の熟語が対義語の関係になるように、（　）に入る漢字を後の[　　]の中から選べ。[　　]の中の漢字は一度だけ使うこと。

1 卑屈―（　）大
2 名誉―恥（　）
3 新鮮―（　）腐
4 老成―幼（　）
5 余寒―残（　）
6 華美―質（　）
7 怠慢―（　）勉
8 不況―（　）況
9 削除―添（　）
10 快諾―（　）辞

加・勤・固・好・暑・辱・素・尊・稚・陳

4 次の——線のカタカナを漢字に直せ。

1 駅伝のため道路が**フウサ**された。（　　）
2 彼女は感情の**キフク**が激しい。（　　）
3 **ナワシロ**に稲の種もみをまいた。（　　）
4 船が無人島に**ヒョウチャク**した。（　　）
5 与党では**ナイフン**が続いている。（　　）
6 **ホウケン**的な企業体質が残る。（　　）
7 データは事実と**フゴウ**していた。（　　）
8 心の**オモム**くままに生きたい。（　　）
9 波間に小舟が**タダヨ**っている。（　　）
10 校庭に桜の**ナエギ**を植える。（　　）
11 物陰に**フ**して様子をうかがう。（　　）
12 目を**オオ**うばかりの有り様だ。（　　）

13 忙しさに**マギ**れて返事が遅れた。（　　）
14 食卓にブドウを**モ**った皿を置く。（　　）
15 劇場に**カイマク**のベルが響く。（　　）
16 **キョウレツ**なにおいがする。（　　）
17 青空に**ワタグモ**が浮かんでいる。（　　）
18 遅刻して**ヒラアヤマ**りをした。（　　）
19 **センパイ**の指導を受ける。（　　）
20 **フクスイ**盆に返らず。（　　）
21 お歳暮のお**レイジョウ**を書く。（　　）
22 彼女は資産家のご**レイジョウ**だ。（　　）
23 一刻も早い解決を**ノゾ**む。（　　）
24 命運をかけて試合に**ノゾ**む。（　　）

部首をまちがえやすい漢字
Q…次の漢字の部首は？ ①封 ②尿 ③葬
A…①寸(すん) ②尸(かばね・しかばね) ③艹(くさかんむり)
「封」は「土(つち)」、「尿」は「水(みず)」、「葬」は「廾(こまぬき・にじゅうあし)」とまちがえないように注意しましょう。

漢字	読み	画数	部首	部首名	漢字の意味	用例
墳	音 フン／訓 ―	15	土	つちへん	土をもり上げて作った墓・おか・大きい	墳丘《ふんきゅう》・墳墓《ふんぼ》・古墳《こふん》
癖	音 ヘキ／訓 くせ	18	疒	やまいだれ	人のくせ・やまい	潔癖《けっぺき》・習癖《しゅうへき》・性癖《せいへき》・病癖《びょうへき》・口癖《くちぐせ》・七癖《ななくせ》・難癖《なんくせ》・寝癖《ねぐせ》
募	音 ボ／訓 つの(る)	12	力	ちから	つのる・広くもとめる	募金《ぼきん》・募集《ぼしゅう》・応募《おうぼ》・急募《きゅうぼ》・公募《こうぼ》・寄付《きふ》を募《つの》る
慕	音 ボ／訓 した(う)	14	小	したごころ	したう・恋しく思う・尊敬して見習う	慕情《ぼじょう》・敬慕《けいぼ》・思慕《しぼ》・追慕《ついぼ》・恋慕《れんぼ》・徳《とく》を慕《した》う
簿	音 ボ／訓 ―	19	⺮	たけかんむり	帳面・紙をとじたもの	簿記《ぼき》・家計簿《かけいぼ》・原簿《げんぼ》・帳簿《ちょうぼ》・名簿《めいぼ》
芳	音 ホウ／訓 かんば(しい) 高	7	艹	くさかんむり	いいにおい・評判がよい・他人の事の尊称	芳紀《ほうき》・芳香《ほうこう》・芳志《ほうし》・芳書《ほうしょ》・芳名録《ほうめいろく》・成績《せいせき》が芳《かんば》しくない
邦	音 ホウ／訓 ―	7	阝	おおざと	国・日本の・我が国の	邦貨《ほうか》・邦画《ほうが》・邦楽《ほうがく》・邦人《ほうじん》・本邦《ほんぽう》・連邦《れんぽう》
奉	音 ホウ、ブ／訓 たてまつ(る) 高	8	大	だい	さし上げる・つかえる・うけたまわる	奉公《ほうこう》・奉仕《ほうし》・奉職《ほうしょく》・奉納《ほうのう》・信奉《しんぽう》・奉行所《ぶぎょうしょ》・会長《かいちょう》に奉《たてまつ》る

筆順

ステップ 29

練習問題

1	/24
2	/9
3	/10
4	/24

月　日

1 次の――線の漢字の読みをひらがなで記せ。

1 平和主義を信奉している。（　　）
2 日ごとに寒さが募ってきた。（　　）
3 本邦初公演のミュージカルだ。（　　）
4 敬慕してやまない師を失った。（　　）
5 受付で芳名録に記帳した。（　　）
6 兄には夜ふかしの習癖がある。（　　）
7 商店街で募金を呼びかけた。（　　）
8 主将は部員から慕われていた。（　　）
9 古代に築かれた墳墓を調査した。（　　）
10 二重帳簿による不正が発覚する。（　　）
11 昔から邦楽に親しんできた。（　　）
12 神社に参拝して絵馬を奉納した。（　　）
13 恋慕の情は隠しきれない。（　　）
14 何かと難癖をつけられて困る。（　　）
15 江戸《えど》時代の奉行所が再現された。（　　）
16 海外在住の邦人の情報が入る。（　　）
17 彼女は芳紀まさに十八歳だ。（　　）
18 哀感のこもった歌声だ。（　　）
19 彼は財界を長く牛耳ってきた。（　　）
20 無くて七癖有って四十八癖。（　　）
21 領土問題で紛争が続いている。（　　）
22 やみに紛れて姿を消した。（　　）
23 先賢の教えを暮らしに役立てる。（　　）
24 この犬は賢くておとなしい。（　　）

2 次の――線のカタカナにあてはまる漢字をそれぞれのア〜オから一つ選び、記号で記せ。

1 短期アルバイトをボ集している。（　）
2 故人を追ボする碑が建てられた。（　）
3 私は毎日、家計ボをつけている。（　）
（ア 慕　イ 簿　ウ 母　エ 墓　オ 募）

4 英語力があると自フしている。（　）
5 問題にようやく終止フが打たれた。（　）
6 春から離島の病院にフ任する。（　）
（ア 浮　イ 符　ウ 不　エ 赴　オ 負）

7 時間をかけてコった料理を作る。（　）
8 待ちコがれていた日がやってきた。（　）
9 二万人をコえる人が集まった。（　）
（ア 込　イ 超　ウ 焦　エ 濃　オ 凝）

3 熟語の構成のしかたには次のようなものがある。

ア 同じような意味の漢字を重ねたもの（岩石）
イ 反対または対応の意味を表す字を重ねたもの（高低）
ウ 上の字が下の字を修飾しているもの（洋画）
エ 下の字が上の字の目的語・補語になっているもの（着席）
オ 上の字が下の字の意味を打ち消しているもの（非常）

次の熟語は右のア〜オのどれにあたるか、一つ選び、記号で記せ。

1 芳香（　）
2 不穏（　）
3 応募（　）
4 潔癖（　）
5 排斥（　）
6 尊卑（　）
7 養豚（　）
8 隠匿（　）
9 孤独（　）
10 起伏（　）

4

次の――線のカタカナを漢字に直せ。

1 好ましくない**クチグセ**を改める。（　　）
2 開発職の求人に**オウボ**する。（　　）
3 彼の人柄を**シタ**って客が集まる。（　　）
4 **コフン**から銅鏡が出土する。（　　）
5 アメリカは**レンポウ**国家だ。（　　）
6 熱帯産の果物が**ホウコウ**を放つ。（　　）
7 **ホウシ**活動で公園を清掃する。（　　）
8 **メイボ**を見ながら点呼をとった。（　　）
9 キャンプの参加者を**ツノ**る。（　　）
10 先輩にひそかな**ボジョウ**を抱く。（　　）
11 道徳的な**ケッペキ**さを貫く。（　　）
12 ドライアイスから**ケムリ**が出る。（　　）

13 肩の**コショウ**で試合を欠場した。（　　）
14 **ヒヤク**的な増収が見込まれる。（　　）
15 流行に**ビンカン**に反応する。（　　）
16 私鉄の**ウンチン**が値上げされた。（　　）
17 計画は**スジガ**き通りに進んだ。（　　）
18 兄はしかられて頭を**タ**れている。（　　）
19 衝突で船腹を**ソンショウ**した。（　　）
20 資料に**ホソク**の説明を追加する。（　　）
21 道路交通法の**ホソク**を定める。（　　）
22 書籍の出版**モト**を調べる。（　　）
23 事実に**モト**づいた小説だ。（　　）
24 国民は法の**モト**に平等である。（　　）

使い分けよう! **こえる【超・越】**
超える…例 一億円を超える　人間の能力を超える
（ある範囲や程度を上回る）
越える…例 国境を越える　年を越える
（ある場所や日時を過ぎて先へ行く）

ステップ30

漢字	読み	画数	部首	部首名	漢字の意味	用例	筆順
胞	音 ホウ 訓 ――	9	月	にくづき	母の胎内・生物体をつくる最小単位	胞子《ほうし》・細胞《さいぼう》・同胞《どうほう》	胞 胞 胞 胞 胞 胞 胞 胞 胞
倣	音 ホウ 訓 なら(う) 高	10	亻	にんべん	まねをする・ならう	模倣《もほう》・模倣品《もほうひん》・前例《ぜんれい》に倣《なら》う	倣 倣 倣 倣 倣 倣 倣 倣 倣 倣
崩	音 ホウ 訓 くず(れる) くず(す)	11	山	やま	こわれる・天子が亡《な》くなること	崩壊《ほうかい》・崩御《ほうぎょ》・崩落《ほうらく》・崖崩《がけくず》れ・山崩《やまくず》れ・雪崩《なだれ》・列《れつ》を崩《くず》す	崩 崩 崩 崩 崩 崩 崩 崩 崩 崩11
飽	音 ホウ 訓 あ(きる) あ(かす)	13	𩙿	しょくへん	腹いっぱい・あきる・十分である	飽食《ほうしょく》・飽和《ほうわ》・暖衣飽食《だんいほうしょく》・見飽《みあ》きる・暇《ひま》に飽《あ》かす	飽 飽2 飽4 飽6 飽 飽 飽 飽 飽 飽
縫	音 ホウ 訓 ぬ(う)	16	糸	いとへん	ぬう・とりつくろう・ぬいめ	縫合《ほうごう》・縫製《ほうせい》・裁縫《さいほう》・天衣無縫《てんいむほう》・合間《あいま》を縫《ぬ》う	縫4 縫6 縫 縫 縫 縫12 縫 縫 縫 縫
乏	音 ボウ 訓 とぼ(しい)	4	ノ	の はらいぼう	たりない・とぼしい・まずしい	欠乏《けつぼう》・耐乏《たいぼう》・貧乏《びんぼう》・経験《けいけん》が乏《とぼ》しい	乏 乏 乏 乏
妨	音 ボウ 訓 さまた(げる)	7	女	おんなへん	じゃまをする	妨害《ぼうがい》・進行《しんこう》を妨《さまた》げる	妨 妨 妨 妨 妨 妨 妨
房	音 ボウ 訓 ふさ	8	戸	とだれ とかんむり	へや・こしつ・ふさ・ふさ状のもの	工房《こうぼう》・暖房《だんぼう》・文房具《ぶんぼうぐ》・冷房《れいぼう》・乳房《ちぶさ》《にゅうぼう》・花房《はなぶさ》・一房《ひとふさ》	房 房 房 房 房 房 房 房

ステップ30

練習問題

1	/24
2	/10
3	/10
4	/24

月　日

1 次の――線の漢字の読みをひらがなで記せ。

1 寒暖差が激しく、体調を崩した。
2 入学を前に文房具をそろえる。
3 選挙を妨害する事件が相次ぐ。
4 経験が乏しく、まだ半人前だ。
5 ミシンを使って洋服を縫製する。
6 飽食の世にも餓死する人がいる。
7 毛糸で房のついた帽子を編んだ。
8 夢を追って耐乏生活をしていた。
9 病院で傷口を縫合してもらった。
10 見飽きることのない絶景だ。
11 栄華を極めた帝国も崩壊した。
12 悪質な模倣品を取り締まる。
13 カビの胞子が大量に飛び散った。
14 人混みを縫うように進んだ。
15 ブドウを一房ずつ手で収穫した。
16 春先は雪崩が起こりやすい。
17 政策に関する要綱を改正する。
18 他も推して知るべしといえる。
19 わがままな性分を直したい。
20 迷信に惑わされないようにする。
21 あと少し辛抱すれば完了《かんりょう》する。
22 カレーは辛口が好きだ。
23 解凍した魚を焼いて食べた。
24 あまりの寒さに手足が凍えた。

2 次の——線のカタカナを漢字一字と送りがな（ひらがな）に直せ。

〈例〉問題にコタエル。（答える）

1 悪天候で開催がアヤブマれる。（　）
2 週末に天気がクズレそうだ。（　）
3 最後は運を天にマカセル。（　）
4 民衆に大きな犠牲をシイル。（　）
5 騒音で眠りはサマタゲられた。（　）
6 父は漁業のサカンナ町で育った。（　）
7 週末は暇にアカシて遊び回る。（　）
8 思わず目をソムケル光景だった。（　）
9 話し合いの場がモウケられる。（　）
10 郷に入っては郷にシタガエ。（　）

3 文中の四字熟語の——線のカタカナを漢字に直し、二字で記せ。

1 天衣ムホウな人柄が愛された。（　）
2 それはキカイ千万な話だ。（　）
3 総会はギロン百出で混乱した。（　）
4 一触ソクハツの事態を招く。（　）
5 ココン東西の美術品を集める。（　）
6 メイジツ一体の横綱を目指す。（　）
7 器用ビンボウで大成しない。（　）
8 事業は順風マンパンの勢いだ。（　）
9 意味シンチョウな一言であった。（　）
10 一石ニチョウの妙案を思いつく。（　）

4

次の――線のカタカナを漢字に直せ。

1 シャツにボタンをヌいつけた。
2 定員超過で施設はホウワ状態だ。
3 ダンボウがききすぎて汗ばむ。
4 トンネルで岩盤がホウラクした。
5 体は多くのサイボウから成る。
6 ようやくモホウの域を脱した。
7 違法駐車が通行をサマタげた。
8 日本は天然資源にトボしい国だ。
9 家庭科の授業でサイホウを習う。
10 彼の自慢話はもう聞きアきた。
11 ヤマクズれで道路は通行止めだ。
12 子犬が母犬のチブサを探る。
13 期待と希望に顔をカガヤかせた。
14 留学生の生活をシエンする。
15 エンジンを組み気合いを入れる。
16 まだオサナい弟と手をつないだ。
17 水素を作るソウチを開発する。
18 かせぐに追いつくビンボウなし。
19 重役会議のヨウシをまとめた。
20 ヨウシや身だしなみに気を配る。
21 大勢の警官が犯人をホウイする。
22 磁石でホウイを確認する。
23 敵将と戦って首をウち取った。
24 久しぶりに心をウつ話を聞いた。

まちがえやすい四字熟語

Q…空欄に入る漢字は？　①生殺□□《よだつ》　②意味□□《しんちょう》　③□□《いく》同音

A…①与奪　②深長　③異口

それぞれ、「（生殺）余奪」、「（意味）慎重」、「異句（同音）」などと書き誤らないように注意しましょう。

ステップ 25-30

力だめし

第5回

総得点 ／100

評価

A
80点
B
75点
C
70点
D
60点
E

月　日

1 次の——線の漢字の読みをひらがなで記せ。

1×10 ／10

1 畑にトマトの苗を植える。
2 運賃を調べて切符を買った。
3 各国で在留邦人が活躍している。
4 帆柱を立てたヨットが停泊中だ。
5 彼は自信なげに目を伏せた。
6 封印を破って中身を取り出す。
7 バラの花が上品な芳香を放つ。
8 病状がようやく快方に赴いた。
9 卵白を泡立《あわだ》てて料理に使う。
10 社会に奉仕する精神を養う。

2 次の漢字の部首をア～エから一つ選び、記号で記せ。

1×10 ／10

1 籍（ア ⺮　イ 二　ウ 耒　エ 日）
2 喫（ア 口　イ 土　ウ 刀　エ 大）
3 超（ア 走　イ 土　ウ 刀　エ 口）
4 痘（ア 厂　イ 广　ウ 疒　エ 豆）
5 慕（ア 艹　イ 日　ウ 大　エ ⺗）
6 陶（ア 阝　イ 勹　ウ 十　エ 缶）
7 賊（ア 貝　イ 十　ウ 戈　エ 丶）
8 婆（ア 氵　イ 皮　ウ 一　エ 女）
9 帝（ア 亠　イ 巾　ウ 冖　エ 立）
10 藩（ア 艹　イ 氵　ウ 釆　エ 田）

3 次の――線のカタカナを漢字一字と送りがな（ひらがな）に直せ。

〈例〉問題にコタエル。（答える）

1x10 ／10

1 どの商品を買うかナヤマシイ。（　　）
2 詩人のタクミナ表現に感心する。（　　）
3 日暮れまでに買い物をスマス。（　　）
4 国によって習慣はコトナル。（　　）
5 愛犬をトモナイ旅行をした。（　　）
6 花の香りがタダヨッている。（　　）
7 害虫が発生して葉がチヂレル。（　　）
8 山頂をオオッた雪が解け始める。（　　）
9 母はマッタクお酒が飲めない。（　　）
10 旧友とのカタライに時を忘れる。（　　）

4 1～5の三つの□に共通する漢字を入れて熟語を作れ。漢字はア～コから一つ選び、記号で記せ。

2x5 ／10

1 □採・討□・殺□（　　）
2 内□・□争・□失（　　）
3 □除・□水・□出（　　）
4 応□・□集・□金（　　）
5 隠□・秘□・□名（　　）

ア 乱　イ 排　ウ 論　エ 署　オ 伐
カ 慕　キ 紛　ク 俳　ケ 募　コ 匿

5 熟語の構成のしかたには次のようなものがある。

1×10 ／10

ア　同じような意味の漢字を重ねたもの（岩石）
イ　反対または対応の意味を表す字を重ねたもの（高低）
ウ　上の字が下の字を修飾しているもの（洋画）
エ　下の字が上の字の目的語・補語になっているもの（着席）
オ　上の字が下の字の意味を打ち消しているもの（非常）

次の熟語は右のア～オのどれにあたるか、一つ選び、記号で記せ。

1　塗料（　）
2　栄辱（　）
3　未明（　）
4　収穫（　）
5　解凍（　）
6　不慮（　）
7　正邪（　）
8　佳境（　）
9　排尿（　）
10　欠乏（　）

6 後の□内のひらがなを漢字に直して（　）に入れ、対義語・類義語を作れ。□内のひらがなは一度だけ使い、漢字一字を記せ。

1×10 ／10

対義語

1　妨害―（　）力
2　解放―束（　）
3　非難―賞（　）
4　支配―（　）属
5　独創―（　）倣

類義語

6　征伐―退（　）
7　次第―順（　）
8　下品―（　）卑
9　屈伏―（　）参
10　敢行―（　）行

きょう・こう・さん・じ・じゅう・じょ・だん・ばく・も・や

7

文中の四字熟語の――線のカタカナを漢字に直し、二字で記せ。

2×10 ／20

1 イタイ同心の仲間と支え合う。
2 敵に囲まれコリツ無援の状態だ。
3 識者の高論タクセツを聞く。
4 史跡の故事ライレキを調べる。
5 暖衣ホウショクして暮らす。
6 シタサキ三寸で言いくるめた。
7 タンダイ心小の心構えを持つ。
8 逆転優勝してキョウキ乱舞した。
9 職場での公私コンドウを慎む。
10 投手のイッキョ一動を見守る。

8

次の――線のカタカナを漢字に直せ。

2×10 ／20

1 各国の代表選手が技をキソう。
2 キョクタンな意見だが一理ある。
3 正しいシセイで机に向かう。
4 現金の出納をチョウボにつけた。
5 歩きすぎて足がツカれた。
6 三匹のブタが登場する童話だ。
7 話し方でナンクセをつけられた。
8 ミカンのフサの数を数える。
9 ネバられて根負けしてしまった。
10 料理をする前には手をアラう。

漢字表

ステップ 31

漢字	読み	画数	部首	部首名	漢字の意味	用例	筆順
某	音 ボウ 訓 ―	9	木	き	時、所、名などを伏せて指すのに用いる語	某国《ぼうこく》・某紙《ぼうし》・某氏《ぼうし》・某所《ぼうしょ》	某 某 某 某 某 某 某 某 某
膨	音 ボウ 訓 ふく(らむ) ふく(れる)	16	月	にくづき	ふくれる・はれる	膨大《ぼうだい》・膨張《ぼうちょう》・青膨《あおぶく》れ・着膨《きぶく》れ・希望《きぼう》が膨《ふく》らむ	膨5 膨 膨 膨9 膨 膨 膨 膨 膨 膨16
謀	音 ボウ ム 高 訓 はか(る) 高	16	言	ごんべん	あれこれとやり方を考える・たくらむ	謀略《ぼうりゃく》・陰謀《いんぼう》・共謀《きょうぼう》・策謀《さくぼう》・参謀《さんぼう》・無謀《むぼう》・謀反《むほん》	謀4 謀7 謀 謀10 謀 謀 謀 謀 謀 謀
墨	音 ボク 訓 すみ	14	土	つち	書画に用いるすみ・「墨子《ぼくし》」のこと	墨守《ぼくしゅ》・墨汁《ぼくじゅう》・墨痕《ぼっこん》・水墨画《すいぼくが》・白墨《はくぼく》・墨絵《すみえ》・靴墨《くつずみ》	墨2 墨4 墨 墨 墨 墨 墨11 墨 墨 墨
没	音 ボツ 訓 ―	7	氵	さんずい	しずむ・熱中する・とりあげる・死ぬ	没収《ぼっしゅう》・没頭《ぼっとう》・没落《ぼつらく》・出没《しゅつぼつ》・神出鬼没《しんしゅつきぼつ》・日没《にちぼつ》・埋没《まいぼつ》	没 没 没 没 没 没 没
翻	音 ホン 訓 ひるがえ(る) 高 ひるがえ(す) 高	18	羽	はね	ひらひらする・作りかえる	翻案《ほんあん》・翻意《ほんい》・翻刻《ほんこく》・翻訳《ほんやく》・翻訳家《ほんやくか》・翻弄《ほんろう》・反旗《はんき》を翻《ひるがえ》す	翻3 翻 翻 翻7 翻9 翻 翻13 翻15 翻 翻18
魔	音 マ 訓 ―	21	鬼	おに	あやしい術・害をあたえる人	魔術《まじゅつ》・魔法《まほう》・悪魔《あくま》・邪魔《じゃま》・睡魔《すいま》・病魔《びょうま》・魔《ま》が差《さ》す	魔3 魔7 魔11 魔 魔14 魔 魔17 魔19 魔 魔
埋	音 マイ 訓 う(める) う(まる) う(もれる)	10	土	つちへん	土の中へうめる・かくす	埋設《まいせつ》・埋葬《まいそう》・埋蔵《まいぞう》・埋没《まいぼつ》・埋《う》め立《た》て・穴埋《あなう》め	埋 埋 埋 埋 埋 埋 埋 埋 埋 埋

ステップ31

練習問題

1	/24
2	/10
3	/10
4	/24

月　日

1 次の——線の漢字の読みをひらがなで記せ。

1 国民の医療費は膨張する一方だ。（　　）
2 外国語に翻訳しにくい表現もある。（　　）
3 不幸にして病魔に冒された。（　　）
4 彼らは無謀な計画を推し進めた。（　　）
5 埋蔵された小判を発見する。（　　）
6 特ダネを某紙にすっぱ抜かれた。（　　）
7 新生活への期待に胸を膨らます。（　　）
8 我が一族は旧習を墨守している。（　　）
9 敵の謀略に引っ掛かってしまう。（　　）
10 海賊船が出没する海域だ。（　　）
11 遺骨を墓地に埋葬する。（　　）
12 白墨で数式を板書する。（　　）
13 密輸品は空港で没収された。（　　）
14 英語の穴埋め問題が得意だ。（　　）
15 反乱の陰謀が仕組まれていた。（　　）
16 床の間に墨絵の掛け軸を飾る。（　　）
17 託児所へ子どもを迎えに行く。（　　）
18 鳥居をくぐって本殿へ向かう。（　　）
19 彼の速球は打者にとって脅威だ。（　　）
20 秘密を公表すると脅された。（　　）
21 社長に随伴して商談に赴く。（　　）
22 頭痛を伴う風邪にも効く薬だ。（　　）
23 部下を信頼して仕事を任せる。（　　）
24 いざというときに頼りになる。（　　）

2

次の各組の熟語が類義語の関係になるように、（　）に入る漢字を後の□の中から選べ。□の中の漢字は一度だけ使うこと。

1 専念—（　）頭
2 無視—（　）殺
3 計略—策（　）
4 妨害—邪（　）
5 処罰—制（　）
6 拘束—束（　）
7 不足—欠（　）
8 債務—（　）債
9 追放—排（　）
10 休息—休（　）

憩・裁・斥・縛・負・乏・謀・没・魔・黙

3

次の——線のカタカナ「ホウ」をそれぞれ異なる漢字に直せ。

1 日本の**ホウ**製技術は評価が高い。（　）
2 話題の**ホウ**画が上映中だ。（　）
3 神事で舞踊が**ホウ**納された。（　）
4 暖衣**ホウ**食の恵まれた生活だ。（　）
5 有名画家の作品を模**ホウ**して学ぶ。（　）
6 年金制度の**ホウ**壊が案じられる。（　）
7 スギゴケは**ホウ**子で殖える。（　）
8 庭の白梅が**ホウ**香を放っている。（　）
9 いまだに**ホウ**建的な考え方が残る。（　）
10 スタートの合図の号**ホウ**が響く。（　）

4 次の――線のカタカナを漢字に直せ。

1 娘は泣いてフクれてしまった。
2 研究にボットウする日々を送る。
3 マが差したとしか思えない。
4 電話線を地下にマイセツする。
5 スミを流したような空模様だ。
6 仲間とキョウボウしての犯行だ。
7 都内ボウ所で撮影された写真だ。
8 ボウダイな不良債権を処理する。
9 弟に必死でホンイを促した。
10 スイボク画のような景色だ。
11 ウもれた名作を世に紹介する。
12 集合場所で生徒のテンコをとる。
13 講師として海外へハケンされた。
14 小説のブタイは架空の都市だ。
15 手紙のマツビにお礼を書いた。
16 寝不足は体に悪影響をオヨぼす。
17 ロボウにかれんな花が咲いた。
18 病院で血圧とミャクハクを測る。
19 知ったかぶりをしてハジをかく。
20 チームの勝利をカクシンする。
21 カクシン的な方法を考案する。
22 命の大切さをトいて聞かせた。
23 薄くトいた絵の具で背景を塗る。
24 今月末で契約をトくことにした。

神出鬼没（しんしゅつきぼつ）
「たちまち現れたり隠れたりして、居場所が容易につかめないこと」という意味の四字熟語です。「神」と「鬼」で、超人的で不思議な力を持つ「鬼神」を表し、鬼神のように自由に出没するということから、そのような意味になりました。

漢字	読み	画数	部首	部首名	漢字の意味	用例	筆順
膜	音 マク 訓 ―	14	月	にくづき	生物体内の器官を包むうすい皮・うす皮	角膜《かくまく》・鼓膜《こまく》・粘膜《ねんまく》・被膜《ひまく》・網膜《もうまく》	膜 4 7 11 14
又	音 ― 訓 また	2	又	また	また・さらにふたたび・それにしても	又貸《またが》し・又聞《またぎ》き	又
魅	音 ミ 訓 ―	15	鬼	きにょう	人の心をひきつける・ばけもの	魅了《みりょう》・魅力《みりょく》・魅惑《みわく》	魅 3 6 8 12
滅	音 メツ 訓 ほろ(びる) ほろ(ぼす)	13	氵	さんずい	ほろびる・ほろぼす・きえる	滅亡《めつぼう》・幻滅《げんめつ》・自滅《じめつ》・消滅《しょうめつ》・絶滅《ぜつめつ》・点滅《てんめつ》・不滅《ふめつ》・明滅《めいめつ》	滅 3 8
免	音 メン 訓 まぬか(れる)高	8	儿	ひとあし にんにょう	のがれる・ゆるす・やめさせる	免許《めんきょ》・免除《めんじょ》・免職《めんしょく》・免税《めんぜい》・免責《めんせき》・赦免《しゃめん》・任免《にんめん》・放免《ほうめん》	免
幽	音 ユウ 訓 ―	9	幺	よう いとがしら	おくふかい・かくれる・あの世	幽玄《ゆうげん》・幽谷《ゆうこく》・幽囚《ゆうしゅう》・幽閉《ゆうへい》・幽明《ゆうめい》・幽霊《ゆうれい》・深山幽谷《しんざんゆうこく》	幽
誘	音 ユウ 訓 さそ(う)	14	言	ごんべん	さそいかける・おびきだす・ひきおこす	誘因《ゆういん》・誘拐《ゆうかい》・誘致《ゆうち》・誘導《ゆうどう》・誘発《ゆうはつ》・誘惑《ゆうわく》・勧誘《かんゆう》・誘《さそ》い水《みず》	誘 2 4 7
憂	音 ユウ 訓 うれ(える) うれ(い) う(い)高	15	心	こころ	思いなやむ・心をいためる・おそれる	憂国《ゆうこく》・憂愁《ゆうしゅう》・憂色《ゆうしょく》・憂慮《ゆうりょ》・一喜一憂《いっきいちゆう》・憂《う》き目《め》・物憂《ものう》い	憂 4 6 12
揚	音 ヨウ 訓 あ(げる) あ(がる)	12	扌	てへん	あげる・気分が高まる・ほめる	意気揚揚《いきようよう》・掲揚《けいよう》・高揚《こうよう》・浮揚《ふよう》・悠揚《ゆうよう》・抑揚《よくよう》・水揚《みずあ》げ	揚 5 7

ステップ32

練習問題

1	/24
2	/10
3	/5
4	/24

月　日

1 次の――線の漢字の読みをひらがなで記せ。

1 祖国の将来を憂慮している。
2 てんぷらを上手に揚げる。
3 人里離れた幽谷に分け入る。
4 テニス部への入部を勧誘された。
5 家族なら入会金が免除される。
6 魅惑的な目で見つめられた。
7 都会の生活に幻滅して帰郷する。
8 祖父は目の角膜を手術した。
9 声を掛け合い士気を高揚させる。
10 産業振興のため工場を誘致する。
11 又聞きした話は信用できない。
12 命ある者はいつか必ず滅びる。
13 愛犬の病状の悪化を憂える。
14 幽玄の趣のある石庭をながめた。
15 優勝国の国旗が掲揚される。
16 けなげな子どもの姿が涙を誘う。
17 容疑が晴れて放免される。
18 勉強の妨げになる物をなくす。
19 戸締まりを忘れずにする。
20 卒業式の式次第を確認する。
21 人手不足で店員を急募した。
22 風はますます吹き募った。
23 裁縫は苦手だが、料理は得意だ。
24 転倒して六針も縫うけがをした。

2 熟語の構成のしかたには次のようなものがある。

ア 同じような意味の漢字を重ねたもの （岩石）
イ 反対または対応の意味を表す字を重ねたもの （高低）
ウ 上の字が下の字を修飾しているもの （洋画）
エ 下の字が上の字の目的語・補語になっているもの （着席）
オ 上の字が下の字の意味を打ち消しているもの （非常）

次の熟語は右のア〜オのどれにあたるか、一つ選び、記号で記せ。

1 締結（　）
2 憂国（　）
3 辛勝（　）
4 任免（　）
5 開拓（　）
6 出没（　）
7 翻意（　）
8 不滅（　）
9 排他（　）
10 邦楽（　）

3 1〜5の三つの□に共通する漢字を入れて熟語を作れ。漢字はア〜コから一つ選び、記号で記せ。

1 □収・□落・日□（　）
2 □惑・□導・□発（　）
3 消□・点□・□亡（　）
4 赦□・□税・□許（　）
5 □在・遅□・□納（　）

ア 滞　イ 投　ウ 魅　エ 減　オ 誘
カ 免　キ 無　ク 滅　ケ 退　コ 没

4 次の――線のカタカナを漢字に直せ。

1 勝ちをあせってジメツした。（　）
2 秋晴れにサソわれて山に登る。（　）
3 鼻のネンマクが赤くはれた。（　）
4 若きユウコクの志士が集まった。（　）
5 大量のマグロがミズアげされた。（　）
6 伝統がホロびることを心配する。（　）
7 本のマタガしはやめてほしい。（　）
8 彼には人間的なミリョクがある。（　）
9 メンゼイ店で母への土産を買う。（　）
10 急速な値上がりをユウハツした。（　）
11 王がユウヘイされていた古城だ。（　）
12 後顧のウレいは一切ない。（　）

13 徐々に景気がフヨウしてきた。（　）
14 多大な賛辞にキョウシュクする。（　）
15 白熱したトウロンが続けられた。（　）
16 この部屋はお気にメしましたか。（　）
17 万世フキュウの名作と名高い。（　）
18 敵の侵入をケイカイする。（　）
19 一位との差がチヂまってきた。（　）
20 強いシガイセンからはだを守る。（　）
21 救急イリョウの現場で働く。（　）
22 冬物のイリョウ品が安くなる。（　）
23 旅先で見ソめた女性と結婚した。（　）
24 美容院で髪を黒くソめる。（　）

使い分けよう！　あげる【揚・挙】
揚げる…例 てんぷらを揚げる　たこを揚げる　船の荷揚げ
（油で調理する・高いところに移動させる）
挙げる…例 手を挙げる　式を挙げる　犯人を挙げる
（はっきりと示す・執り行う・つかまえる）

漢字	読み	画数	部首	部首名	漢字の意味	用例	筆順
揺	音 ヨウ 訓 ゆ(れる)・ゆ(る) ゆ(らぐ)・ゆ(るぐ) ゆ(する)・ゆ(さぶる) ゆ(すぶる)	12	扌	てへん	ゆれる・ゆする・うごく	動揺《どうよう》・揺《ゆ》りかご・貧乏揺《びんぼうゆ》すり・信念《しんねん》が揺《ゆ》らぐ	揺 6 9
擁	音 ヨウ 訓 —	16	扌	てへん	だきかかえる・囲むようにたすける	擁護《ようご》・擁立《ようりつ》・抱擁《ほうよう》・大軍《たいぐん》を擁《よう》する	擁 5 16
抑	音 ヨク 訓 おさ(える)	7	扌	てへん	おさえつける・言葉や声の調子を低くする	抑圧《よくあつ》・抑止《よくし》・抑制《よくせい》・抑揚《よくよう》・抑揚頓挫《よくようとんざ》・怒《いか》りを抑《おさ》える	抑
裸	音 ラ 訓 はだか	13	衤	ころもへん	はだか・むきだし	裸眼《らがん》・裸子《らし》・裸身《らしん》・裸体《らたい》・赤裸々《せきらら》・裸一貫《はだかいっかん》・丸裸《まるはだか》	裸 2 7 9
濫	音 ラン 訓 —	18	氵	さんずい	あふれる・むやみに・ひろがる	濫獲《らんかく》・濫造《らんぞう》・濫読《らんどく》・濫伐《らんばつ》・濫費《らんぴ》・濫用《らんよう》・氾濫《はんらん》	濫 3 8 10 12 15 17
吏	音 リ 訓 —	6	口	くち	役人・公務員	吏員《りいん》・官吏《かんり》・能吏《のうり》	吏
隆	音 リュウ 訓 —	11	阝	こざとへん	もり上がる・高くする・勢いがよくなる	隆起《りゅうき》・隆盛《りゅうせい》・興隆《こうりゅう》	隆 11
了	音 リョウ 訓 —	2	亅	はねぼう	おわる・わかる・あきらか	了解《りょうかい》・了察《りょうさつ》・了承《りょうしょう》・完了《かんりょう》・終了《しゅうりょう》・読了《どくりょう》・未了《みりょう》・魅了《みりょう》	了

ステップ33
練習問題

1	/24
2	/10
3	/9
4	/24

月　日

1 次の――線の漢字の読みをひらがなで記せ。

1 教育と文化の興隆に尽力する。（　　）
2 自然な抑揚をつけて音読した。（　　）
3 先輩の妙技を見て自信が揺らぐ。（　　）
4 勝利の喜びを抑えきれない。（　　）
5 選挙に新人候補を擁立する。（　　）
6 過去の体験を赤裸々に告白する。（　　）
7 カニの濫獲が問題になっている。（　　）
8 公共団体の職員を吏員ともいう。（　　）
9 その件は上司も了承済みです。（　　）
10 火山活動で隆起した土地だ。（　　）
11 木枯らしで並木が裸になった。（　　）
12 父親は体を揺すって大笑いした。（　　）
13 人目をはばからず抱擁をかわす。（　　）
14 名優の演技に観客は魅了された。（　　）
15 大将の死に兵士たちは動揺した。（　　）
16 濫伐で熱帯林が荒らされた。（　　）
17 政治的な抑圧から解放される。（　　）
18 文壇に気鋭の若手が登場する。（　　）
19 転勤を希望して内諾を得た。（　　）
20 幼いころ父は肩車をしてくれた。（　　）
21 飽和した食塩水を試験管に移す。（　　）
22 読書に飽きて眠くなった。（　　）
23 誘惑に負けてケーキを食べた。（　　）
24 とぼけたやりとりが笑いを誘う。（　　）

2 後の［　］内のひらがなを漢字に直して（　）に入れ、対義語・類義語を作れ。［　］内のひらがなは一度だけ使い、漢字一字を記せ。

対義語

1 発生—消（　）
2 促進—（　）制
3 開始—終（　）
4 潤沢—欠（　）
5 受容—排（　）

類義語

6 繁栄—（　）盛
7 官吏—（　）人
8 幽閉—（　）禁
9 憂慮—心（　）
10 解雇—（　）職

かん・じょ・ぱい・ぼう・めつ・めん・やく・よく・りゅう・りょう

3 次の——線のカタカナにあてはまる漢字をそれぞれのア～オから一つ選び、記号で記せ。

1 祖父は工《こう》ボウで絵を制作中だ。（　）
2 無ボウな開発が災害を招いた。（　）
3 警察がボウ国のスパイを逮捕した。（　）
（ア 某　イ 妨　ウ 房　エ 傍　オ 謀）

4 安全な場所に生徒をユウ導する。（　）
5 薪能のユウ玄な舞に魅せられる。（　）
6 表情にユウ色が濃く表れていた。（　）
（ア 優　イ 憂　ウ 誘　エ 幽　オ 雄）

7 急ぎの仕事を二つもウけ負う。（　）
8 情報の海に真実がウもれている。（　）
9 彼は主君の敵ウちに旅立った。（　）
（ア 請　イ 討　ウ 得　エ 埋　オ 浮）

4 次の——線のカタカナを漢字に直せ。

1 カーテンが風に**ユ**れている。
2 激しい痛みを薬で**オサ**えた。
3 彼は市の納税課の**ノウリ**だ。
4 会場の準備は**カンリョウ**した。
5 マツやソテツは**ラシ**植物だ。
6 憲法**ヨウゴ**を公約に掲げる。
7 彼は**ドウヨウ**した表情になった。
8 **ヨクセイ**のきいた話し方をする。
9 会社は一時**リュウセイ**を極めた。
10 破産して**マルハダカ**になった。
11 分野を問わず本を**ランドク**する。
12 注文した**ヨクジツ**に品物が届く。

13 **カイコ**が桑の葉を食べて育つ。
14 討論会の司会を**マカ**された。
15 内容を**コウモク**ごとに整理する。
16 彼女は**ナミダ**ながらに訴えた。
17 **カタコト**の英語で何とか通じた。
18 実験で細胞を**ゾウショク**させる。
19 世間の言葉の乱れを**ナゲ**く。
20 池のほとりを**サンサク**した。
21 限られた時間を**ユウコウ**に使う。
22 両国は**ユウコウ**的な関係にある。
23 友人が**ヤサ**しく慰めてくれた。
24 だれでもわかる**ヤサ**しい問題だ。

使い分けよう! **うつ【打・撃・討】**
打つ…例 注射を打つ　手を打つ　(強く当てる、あることを行う)
撃つ…例 的を撃つ　迎え撃つ　(射撃する)
討つ…例 宿敵を討つ　あだを討つ　(せめほろぼす)

漢字	読み	画数	部首	部首名	漢字の意味	用例	筆順
猟	音 リョウ / 訓 —	11	犭	けものへん	かり・かる・つかまえる・さがしもとめる	猟奇《りょうき》・猟犬《りょうけん》・猟師《りょうし》・猟銃《りょうじゅう》・禁猟《きんりょう》・狩猟《しゅりょう》・渉猟《しょうりょう》・密猟《みつりょう》	猟 猟 猟 猟 猟 猟 猟 猟 猟10 猟
陵	音 リョウ / 訓 みささぎ 高	11	阝	こざとへん	小高いおか・天皇、皇后などの墓・しのぐ	陵墓《りょうぼ》・丘陵《きゅうりょう》・丘陵地《きゅうりょうち》・御陵《ごりょう》	陵 陵 陵 陵 陵 陵 陵8 陵 陵 陵
糧	音 リョウ / ロウ 高 / 訓 かて 高	18	米	こめへん	(旅やいくさに持ち歩く)食べもの・活動の源	糧食《りょうしょく》・糧道《りょうどう》・食糧《しょくりょう》	糧2 糧 糧 糧6 糧10 糧 糧15 糧 糧 糧
厘	音 リン / 訓 —	9	厂	がんだれ	お金の単位・割合の単位	厘毛《りんもう》・一厘《いちりん》・九分九厘《くぶくりん》・五厘差《ごりんさ》	厘 厘 厘 厘 厘 厘 厘 厘 厘
励	音 レイ / 訓 はげ(む) / はげ(ます)	7	力	ちから	はげむ・つとめる・はげます	励行《れいこう》・激励《げきれい》・刻苦勉励《こっくべんれい》・奨励《しょうれい》・精励《せいれい》・奮励努力《ふんれいどりょく》	励 励 励 励 励 励 励
零	音 レイ / 訓 —	13	雨	あめかんむり	わずか・小さい・おちぶれる・数のゼロ	零下《れいか》・零細《れいさい》・零時《れいじ》・零点《れいてん》・零度《れいど》・零落《れいらく》	零3 零 零 零 零8 零 零 零 零 零
霊	音 レイ / リョウ 高 / 訓 たま 高	15	雨	あめかんむり	たましい・ふしぎな・神聖な	霊感《れいかん》・霊前《れいぜん》・霊峰《れいほう》・慰霊《いれい》・亡霊《ぼうれい》・幽霊《ゆうれい》・怨霊《おんりょう》・言霊《ことだま》	霊3 霊 霊6 霊8 霊 霊 霊 霊 霊14 霊
裂	音 レツ / 訓 さ(く) / さ(ける)	12	衣	ころも	ばらばらにさける・きれ・さけめ	裂傷《れっしょう》・亀裂《きれつ》・決裂《けつれつ》・四分五裂《しぶんごれつ》・破裂《はれつ》・分裂《ぶんれつ》	裂 裂 裂 裂 裂6 裂8 裂 裂 裂 裂

ステップ 34

練習問題

1	2	3	4
/24	/10	/10	/24

月　日

1 次の――線の漢字の読みをひらがなで記せ。

1 大きな音を立て風船が破裂した。（　）
2 零細企業だが経営状態は良好だ。（　）
3 祖母は霊魂の存在を信じている。（　）
4 技能の習得に日々精励している。（　）
5 打製石器を狩猟に使っていた。（　）
6 市内にある陵墓を見学してきた。（　）
7 悲しみで胸が張り裂けそうだ。（　）
8 当面の食糧を倉庫に貯蔵する。（　）
9 励ましの言葉が身にしみる。（　）
10 名家が見る影もなく零落した。（　）
11 多くの人々が信仰する霊峰だ。（　）
12 猟師は鉄砲の手入れをしていた。（　）
13 うがいと手洗いを励行している。（　）
14 両国の会談はついに決裂した。（　）
15 わずか五厘差で首位打者になる。（　）
16 霊前に線香をたむける。（　）
17 新鮮で質のよい鶏卵を選ぶ。（　）
18 板にできた節穴を補修する。（　）
19 絶滅のおそれのある鳥だ。（　）
20 噴火で滅びた古代都市がある。（　）
21 功績をあげた故人を追慕する。（　）
22 恩師を慕って研究をともにする。（　）
23 ウイルスの増殖を抑止する。（　）
24 社内の反対派の動きを抑える。（　）

2 文中の四字熟語の――線のカタカナを漢字に直し、二字で記せ。

1 刻苦ベンレイして志を果たした。（　　）
2 イキ揚々と勝利を誇った。（　　）
3 今まさにキキュウ存亡のときだ。（　　）
4 入賞はフンレイ努力した結果だ。（　　）
5 深山ユウコクを思わせる庭園だ。（　　）
6 九分クリン優勝は決まりだろう。（　　）
7 株価の変動に一喜イチユウする。（　　）
8 キョウテン動地の大事件だ。（　　）
9 完成までフミン不休で作業した。（　　）
10 主人公は神出キボツの怪盗だ。（　　）

3 熟語の構成のしかたには次のようなものがある。

ア 同じような意味の漢字を重ねたもの （岩石）
イ 反対または対応の意味を表す字を重ねたもの （高低）
ウ 上の字が下の字を修飾しているもの （洋画）
エ 下の字が上の字の目的語・補語になっているもの （着席）
オ 上の字が下の字の意味を打ち消しているもの （非常）

次の熟語は右のア〜オのどれにあたるか、一つ選び、記号で記せ。

1 移籍（　　）
2 埋没（　　）
3 未了（　　）
4 慰霊（　　）
5 抑揚（　　）
6 蛮行（　　）
7 狩猟（　　）
8 丘陵（　　）
9 湖畔（　　）
10 無謀（　　）

4 次の――線のカタカナを漢字に直せ。

1 **ユウレイ**が出そうな夜道を歩く。
2 子の成長が仕事の**ハゲ**みになる。
3 一分**イチリン**の狂いもなく測る。
4 党内の**ブンレツ**が深まった。
5 **リョウケン**が獲物を追い立てる。
6 敵を囲んで**リョウドウ**を断つ。
7 選手は**ゲキレイ**されて出発した。
8 外気温が**レイカ**十度に達する。
9 地震の影響で地面が**サ**けた。
10 小高い**キュウリョウ**地帯に住む。
11 パソコンの**ソウサ**方法を教える。
12 ここを**シオドキ**と引き上げた。

13 新しい販路を**カイタク**する。
14 通過列車が**ケイテキ**を鳴らす。
15 違反者には**バッキン**が科される。
16 山の**イタダキ**から朝日を拝む。
17 水を安定的に**キョウキュウ**する。
18 **モノゴシ**柔らかな老人と出会う。
19 音楽で**ヒボン**な才能を発揮する。
20 **ヌノセイ**のかばんで通学する。
21 飼い犬がしっぽを**フ**っている。
22 昨夜からずっと雨が**フ**っている。
23 指を**キヨウ**に動かし手袋を編む。
24 試合には新人が**キヨウ**された。

使い分けよう！ **しょくりょう【食料・食糧】**
食料…例 食料品　食料自給率　生鮮食料品
（食べ物全体・肉や魚、野菜、果物などを含む場合）
食糧…例 食糧制度　食糧難　五日分の食糧
（特に、主食となる米や麦などの穀物）
※使い分けが厳密ではない語もあります。

ステップ35

漢字	廉	錬	炉	浪	廊	楼	漏	湾
読み	音 レン 訓 ―	音 レン 訓 ―	音 ロ 訓 ―	音 ロウ 訓 ―	音 ロウ 訓 ―	音 ロウ 訓 ―	音 ロウ 訓 も(る) も(れる) も(らす)	音 ワン 訓 ―
画数	13	16	8	10	12	13	14	12
部首	广	金	火	氵	广	木	氵	氵
部首名	まだれ	かねへん	ひへん	さんずい	まだれ	きへん	さんずい	さんずい
漢字の意味	いさぎよい・けがれがない・安い	金属をきたえる・心身や技能をきたえる	火をたく所	大きな波・あてもなくさまよう・むだに	ろうか・ひさし	高い建物・やぐら・茶屋	水や光がもれる・外部に知れる・手ぬかり	いりえ・いりうみ・弓のようにまがる
用例	廉価《れんか》・廉潔《れんけつ》・廉直《れんちょく》・廉売《れんばい》・清廉《せいれん》・低廉《ていれん》・破廉恥《はれんち》	錬金術《れんきんじゅつ》・錬成《れんせい》・錬磨《れんま》・精錬《せいれん》・製錬所《せいれんじょ》・鍛錬《たんれん》	炉端《ろばた》・炉辺談話《ろへんだんわ》・囲炉裏《いろり》・香炉《こうろ》・暖炉《だんろ》・廃炉《はいろ》	浪人《ろうにん》・浪費《ろうひ》・激浪《げきろう》・波浪《はろう》・放浪《ほうろう》・流浪《るろう》	廊下《ろうか》・回廊《かいろう》・画廊《がろう》・歩廊《ほろう》	楼閣《ろうかく》・楼門《ろうもん》・高楼《こうろう》・鐘楼《しょうろう》・望楼《ぼうろう》・摩天楼《まてんろう》	漏出《ろうしゅつ》・漏水《ろうすい》・漏電《ろうでん》・遺漏《いろう》・疎漏《そろう》・脱漏《だつろう》・雨漏《あまも》り	湾岸《わんがん》・湾曲《わんきょく》・湾口《わんこう》・港湾《こうわん》
筆順	廉 2 廉 廉 6 廉 廉 廉 廉 廉 廉 廉	錬 4 錬 錬 7 錬 錬 錬 11 錬 13 錬 錬 錬	炉 炉 炉 炉 炉 炉 炉 炉	浪 浪 浪 浪 浪 浪 浪 浪 浪 浪	廊 廊 廊 廊 廊 廊 7 廊 9 廊 廊 廊	楼 4 楼 楼 楼 楼 楼 楼 楼 楼 楼	漏 3 漏 漏 漏 漏 漏 漏 漏 漏 12 漏 14	湾 3 湾 湾 湾 湾 湾 湾 湾 湾 湾

ステップ 35

練習問題

1	/24
2	/5
3	/9
4	/24

月　日

1 次の――線の漢字の読みをひらがなで記せ。

1 廊下の突き当たりに鏡がある。（　）
2 かつて銅の製錬所があった町だ。（　）
3 鐘楼に上がることを許された。（　）
4 長い間ヨーロッパを放浪した。（　）
5 添付資料に脱漏がないか調べる。（　）
6 横浜は代表的な港湾都市である。（　）
7 清廉潔白な政治家が求められる。（　）
8 香炉が床の間に置かれている。（　）
9 回廊が中庭を囲んでいる。（　）
10 高楼から町の景色をながめる。（　）
11 遺漏がないように記入する。（　）
12 大量に生産して廉価で販売する。（　）
13 非常時に日ごろの鍛錬が役立つ。（　）
14 炉端で祖母から昔話を聞いた。（　）
15 うっとりしてため息が漏れた。（　）
16 暴風で漁船が激浪にもまれた。（　）
17 反物からゆかたを仕立てる。（　）
18 恐ろしい形相をした仁王像だ。（　）
19 実兄の結婚式に夫婦で出席する。（　）
20 清貧に甘んじて一生を送る。（　）
21 実現には膨大な費用がかかる。（　）
22 梅のつぼみが膨らみ始めた。（　）
23 先生が受験生たちを激励した。（　）
24 仕事に励んで業績を伸ばした。（　）

2 次の各文にまちがって使われている同じ読みの漢字が一字ある。上に誤字を、下に正しい漢字を記せ。

誤　正

1 自転車の乱謀な運転や違法な駐輪に歩行者は多大な迷惑を被っている。（　）（　）

2 消防署員と一般人の廉携プレーで、火災は最小限の範囲で食い止められた。（　）（　）

3 両校の対抗戦は中盤以降、白熱した攻防戦を展開し大いに漏り上がった。（　）（　）

4 国際芸術祭は、世界的な音楽家による典雅で味力に満ちた演奏で開幕した。（　）（　）

5 老朽化が原因で水道管の一部が破劣し、修復するまでに半日を要した。（　）（　）

3 次の――線のカタカナにあてはまる漢字をそれぞれのア～オから一つ選び、記号で記せ。

1 遺族として慰**レイ**祭に参列する。（　）

2 一家で早寝早起きを**レイ**行する。（　）

3 最低気温**レイ**下四度を記録した。（　）

（ア 零　イ 齢　ウ 励　エ 霊　オ 隷）

4 画**ロウ**で気に入った絵を買った。（　）

5 昨日の午後に波**ロウ**警報が出た。（　）

6 配線の不備で**ロウ**電が起きた。（　）

（ア 漏　イ 浪　ウ 郎　エ 朗　オ 廊）

7 湖面の氷に**サ**け目ができている。（　）

8 買い物袋を両手に**サ**げて歩く。（　）

9 大きな水たまりを**サ**けて通った。（　）

（ア 避　イ 刺　ウ 提　エ 裂　オ 指）

4 次の——線のカタカナを漢字に直せ。

1 ダンロのある居間でくつろぐ。（　　）
2 ロウスイした箇所を修理する。（　　）
3 冬物処分のレンバイをしている。（　　）
4 和室の天井から雨水がモる。（　　）
5 早朝のワンガン道路を車で走る。（　　）
6 雑談で作業時間をロウヒした。（　　）
7 レンキン術など夢物語だ。（　　）
8 その政策は砂上のロウカクだ。（　　）
9 立ち寄ったガロウで絵を見る。（　　）
10 主家を出てロウニンの身になる。（　　）
11 思わず本音をモらしてしまった。（　　）
12 真冬の寒さはホネミにこたえる。（　　）

13 私小説をシッピツしている。（　　）
14 イナサクが盛んな地域に住む。（　　）
15 タテの物を横にもしない人だ。（　　）
16 段ボール箱に雑誌をツめる。（　　）
17 元気な子馬のタンジョウを喜ぶ。（　　）
18 イズミでのどのかわきをいやす。（　　）
19 住民に避難をカンコクした。（　　）
20 新しい環境にジュンノウする。（　　）
21 ユウシュウな人材を募集する。（　　）
22 勝利してユウシュウの美を飾る。（　　）
23 まだ話し合いのヨチはある。（　　）
24 地震をヨチする研究が進む。（　　）

炉辺談話（ろへんだんわ）
「いろりやだんろのそばでくつろいでするような、雑多な話」を表す四字熟語です。「炉辺」は「いろりのそば」のことなので、「路辺」（みちばたの意）としないように、また、「談話」は「暖話」などと書き誤らないように、注意しましょう。

力だめし

第6回

総得点　／100

評価　A　80点 B　75点 C　70点 D　60点 E

月　日

1 次の――線の漢字の読みをひらがなで記せ。　1×10　／10

1 有能な官吏として重んじられた。
2 過信が身を滅ぼすこともある。
3 彼は魔法のように姿を消した。
4 湾曲した海岸線が続いている。
5 会場は聴衆でほぼ埋まっていた。
6 丘陵地が公園として整備される。
7 この付近一帯は禁猟区域だ。
8 難解な古典をようやく読了した。
9 鼓膜が破れそうな大音量だ。
10 備えあれば憂いなし。

2 1～5の三つの□に共通する漢字を入れて熟語を作れ。漢字はア～コから一つ選び、記号で記せ。　2×5　／10

1 □略・陰□・参□
2 □圧・□制・□止
3 □魂・□感・亡□
4 清□・□価・破□恥
5 手□・□前・□剤

ア 廉　イ 霊　ウ 某　エ 謀　オ 弾
カ 弁　キ 抑　ク 錠　ケ 招　コ 恋

3 次の――線のカタカナ「ヨウ」をそれぞれ異なる漢字に直せ。

1×10 ／10

1 複雑な幾何《きかが》学模**ヨウ**を描く。（　　）
2 空気の澄んだ土地で静**ヨウ**する。（　　）
3 人権の**ヨウ**護に努める。（　　）
4 肝**ヨウ**なのは話を聞くことだ。（　　）
5 心の動**ヨウ**を隠しながら話した。（　　）
6 抑**ヨウ**をつけて詩を読む。（　　）
7 ドーピングの**ヨウ**性反応が出る。（　　）
8 大ホールの収**ヨウ**人数は千人だ。（　　）
9 彼の発言には**ヨウ**稚さが目立つ。（　　）
10 **ヨウ**液を使った実験を行う。（　　）

4 熟語の構成のしかたには次のようなものがある。

1×10 ／10

ア 同じような意味の漢字を重ねたもの（岩石）
イ 反対または対応の意味を表す字を重ねたもの（高低）
ウ 上の字が下の字を修飾しているもの（洋画）
エ 下の字が上の字の目的語・補語になっているもの（着席）
オ 上の字が下の字の意味を打ち消しているもの（非常）

次の熟語は右のア〜オのどれにあたるか、一つ選び、記号で記せ。

1 点滅（　　）
2 減税（　　）
3 墳墓（　　）
4 鐘楼（　　）
5 雅俗（　　）
6 鍛錬（　　）
7 不審（　　）
8 免責（　　）
9 濫用（　　）
10 未熟（　　）

5 次の各文にまちがって使われている同じ読みの漢字が一字ある。上に誤字を、下に正しい漢字を記せ。

2×5 ／10

誤　正

1 該博な知識と熟練した表現により、読者を優玄の境地にいざなう名著だ。（　）（　）

2 県は大学を遊致して、若者の人口増加と経済の活性化といった効果を目指している。（　）（　）

3 劣悪な環境で家畜を飼育すれば、結局それを食べる人間にも害が及ぶことになる。（　）（　）

4 日ごろのご愛雇に感謝して、会員限定のご優待セールを行います。（　）（　）

5 この地域の某所に眠る埋造金のうわさを信じ、発掘調査を続けている。（　）（　）

6 後の□内のひらがなを漢字に直して（　）に入れ、対義語・類義語を作れ。□内のひらがなは一度だけ使い、漢字一字を記せ。

1×10 ／10

対義語

1 創造―（　）倣

2 自慢―（　）下

3 栄達―零（　）

4 膨張―収（　）

5 沈下―（　）起

類義語

6 形見―（　）品

7 高低―起（　）

8 漂泊―放（　）

9 熱中―没（　）

10 飽食―満（　）

い・しゅく・とう・ひ・ふく・ぷく・も・らく・りゅう・ろう

7 文中の四字熟語の――線のカタカナを漢字に直し、二字で記せ。

2×10 /20

1 冬の夜にロヘン談話を楽しむ。
2 景気が冷え込み店は青息トイキだ。
3 出会ってすぐに意気トウゴウした。
4 組合は四分ゴレツの状態だった。
5 けが人に応急ショチをする。
6 家財を二束サンモンで売り払う。
7 チームの士気コウヨウを図る。
8 困苦ケツボウの生活に耐える。
9 選手を鼓舞ゲキレイする。
10 メイロウ快活な性格の人だ。

8 次の――線のカタカナを漢字に直せ。

2×10 /20

1 すずりでスミをすり字を書いた。
2 ミワク的な美しい女性だ。
3 シユウを決する戦いが始まる。
4 建物の外壁をホシュウする。
5 周囲へのハイリョを欠かさない。
6 マタギきで広まったうわさ話だ。
7 医者に体の不調をウッタえる。
8 カタログの送付をイライした。
9 複雑なキョウチュウを明かす。
10 英語のホンヤク家になりたい。

3級 総まとめ

総得点

/200

評価

A
140点
B
120点
C
100点
D
80点
E

今までの学習の成果を試してみましょう。

検定を受けるときの注意事項を記載しましたので、実際の検定のつもりで問題に臨んでください。

■検定時間　60分

【注意事項】

1　問題用紙と答えを記入する用紙は別になっています。答えは全て答案用紙に記入してください。

2　常用漢字の旧字体や表外漢字、常用漢字音訓表以外の読み方は正答とは認められません。

3　検定会場では問題についての説明はありませんので、問題をよく読み、設問の意図を理解して答えを記入してください。

4　答えはHB・B・2Bの鉛筆またはシャープペンシルで、枠内《わくない》に大きくはっきり書いてください。くずした字や乱雑な書き方は採点の対象になりませんので、ていねいに書くように心がけてください。

5　検定を受ける前に「日本漢字能力検定採点基準」、「『漢検』受検の際の注意点」（本書巻頭カラーページに掲載）を読んでおいてください。

■マークシート記入について

3級ではマークシート方式の問題があります。次の事項に注意して解答欄をマークしてください。

①HB・B・2Bの鉛筆またはシャープペンシルを使用すること。

②マーク欄は［ ］の上から下までぬりつぶすこと。はみ出したり、ほかのマーク欄にかからないように注意すること。正しくマークされていない場合は、採点できないことがあります。

③間違ってマークしたものは消しゴムできれいに消すこと。

④答えは一つだけマークすること（二つ以上マークすると無効）。

3級 総まとめ

(一) 次の――線の**漢字の読み**を**ひらがな**で記せ。 (30) 1×30

1 連絡用に簡単な名簿を作成した。
2 下町の哀歓を描いた小説を読む。
3 雪辱を果たして優勝する。
4 友人は私の兄とも既知の間柄だ。
5 キャラクターの愛称を公募する。
6 研究の成果を凝縮した製品だ。
7 どんな境遇でも夢を失わない。
8 着慣れた濃紺の制服ともお別れだ。
9 本業に付随する雑務を片づけた。
10 貧乏で多くの辛苦をなめてきた。
11 大学でインドの哲学を学ぶ。
12 この植物は粘液を分泌する。
13 試合に負けて落胆する。
14 市に歩道橋の設置を陳情する。

(二) 次の――線の**カタカナ**にあてはまる漢字をそれぞれのア〜オから**一つ**選び、**記号にマーク**せよ。 (30) 2×15

1 狩**リョウ**をするため山に入る。
2 天災による食**リョウ**不足が心配だ。
3 ホテルは丘**リョウ**の上にある。
(ア了 イ陵 ウ療 エ猟 オ糧)

4 彼の**ジョウ**漫な話に退屈した。
5 痛み止めの**ジョウ**剤を服用する。
6 駅前の分**ジョウ**住宅を内覧する。
(ア譲 イ丈 ウ錠 エ冗 オ嬢)

7 輸入品の排**セキ**運動が起こった。
8 選手がチームを移**セキ**する。
9 客船が三**セキ**入港している。
(ア績 イ斥 ウ惜 エ隻 オ籍)

10 人知を**チョウ**越した神を信じる。
11 時代の**チョウ**流を読んで動く。
12 新発売の楽曲を試**チョウ**する。
(ア超 イ聴 ウ潮 エ徴 オ彫)

(四) **熟語の構成**のしかたには次のようなものがある。 (20) 2×10

ア 同じような意味の漢字を重ねたもの (**岩石**)
イ 反対または対応の意味を表す字を重ねたもの (**高低**)
ウ 上の字が下の字を修飾しているもの (**洋画**)
エ 下の字が上の字の目的語・補語になっているもの (**着席**)
オ 上の字が下の字の意味を打ち消しているもの (**非常**)

次の熟語は右の**ア〜オ**のどれにあたるか、**一つ**選び、**記号にマーク**せよ。

1 伸縮
2 駐車
3 緩慢
6 添削
7 金塊
8 犠牲

15 いとこから来た手紙を開封する。
16 偉業を残した先人の軌跡をたどる。
17 自作の和歌を朗詠する。
18 優勝祝賀会は盛況を極めた。
19 街道をそれて近道を通った。
20 お月見にススキの穂を飾る。
21 使わない家具に覆いをかける。
22 大きな可能性を秘めた試みだ。
23 橋を架け替える工事が始まる。
24 綱引き大会に親子で参加する。
25 いきなり爆音がして肝をつぶす。
26 憎しみを手放して相手を許した。
27 青銅を使って像を鋳る。
28 戸のすき間から明かりが漏れる。
29 大きな袋を肩にかけている。
30 ステージの上に紙吹雪が舞う。

---

13 船から荷物を陸にアげる。
14 アきもせずに何度も絵本を読む。
15 思いがけない事故にアった。
（ア 荒　イ 揚　ウ 編　エ 遭　オ 飽）

(三) 1～5の三つの□に**共通する漢字**を入れて熟語を作れ。漢字はア～コから**一つ**選び、**記号にマーク**せよ。 (10) 2×5

1 利□・豊□・□滑
2 興□・□起・□盛
3 □立・抱□・□護
4 夢□・□想・□惑
5 開□・□促・主□

ア 益	イ 味	ウ 潤	エ 篤	オ 隆
カ 幻	キ 保	ク 逃	ケ 擁	コ 催

---

4 疾走
5 鎮痛
9 検尿
10 未詳

(五) 次の漢字の**部首**をア～エから**一つ**選び、**記号にマーク**せよ。 (10) 1×10

1 髄（ア 骨　イ 冖　ウ 月　エ 辶）
2 膨（ア 豆　イ 士　ウ 月　エ 彡）
3 衰（ア 亠　イ 口　ウ 一　エ 衣）
4 某（ア 木　イ 甘　ウ 日　エ 八）
5 憩（ア 心　イ 舌　ウ 自　エ 干）
6 厘（ア 里　イ 厂　ウ 田　エ 土）
7 虐（ア 卜　イ 匸　ウ 虍　エ 厂）
8 裸（ア 衤　イ 田　ウ 木　エ 衤）
9 顧（ア 貝　イ 戸　ウ 頁　エ 隹）
10 墨（ア 田　イ 灬　ウ 黒　エ 土）

(六) 後の□内のひらがなを漢字に直して□に入れ、対義語・類義語を作れ。□内のひらがなは一度だけ使い、答案用紙に一字記入せよ。 (20) 2×10

対義語

1 統一――分□
2 安定――動□
3 浪費――□約
4 課税――□税
5 繁栄――□落

類義語

6 勤勉――精□
7 了承――許□
8 阻害――□魔
9 策略――□略

(八) 文中の四字熟語の――線のカタカナを漢字に直せ。答案用紙に二字記入せよ。 (20) 2×10

1 業務内容は複雑タキにわたる。
2 不朽フメツの名作とされる絵画だ。
3 二者タクイツを迫られる事態だ。
4 オメイ返上のため努力する。
5 ナンコウ不落の城として知られる。
6 全身ゼンレイで研究に打ち込む。
7 身のセイレン潔白を訴える。
8 勝利のためリキセン奮闘した。
9 時代サクゴで古い考えだ。

(十) 次の――線のカタカナを漢字に直せ。 (40) 2×20

1 何気ない一言でボケツを掘った。
2 世界記録がコウシンされる。
3 ゼンケイの資料を参照せよ。
4 余ったご飯をレイトウする。
5 ねんざした足首にシップをはる。
6 彼女はシショウの一番弟子だ。
7 判決に不服でサイシンを求めた。
8 ジュンスイにゲームを楽しんだ。
9 券売機で電車のキップを買う。
10 下宿先では夕食をジスイしている。

10 出納――□支

けん・じゃ・しゅう・だく・ぼう・ぼつ・めん・よう・れい・れつ

(七) 次の――線のカタカナを漢字一字と送りがな（ひらがな）に直せ。 (10) 2×5

〈例〉問題にコタエル。 答える

1 門は固くトザサれている。

2 人員の選び方を誤ったとクイル。

3 岩陰に魚がヒソンでいる。

4 兄は何かクワダテているようだ。

5 アヤウイところを助けられた。

10 私と彼とは一心ドウタイだ。

(九) 次の各文にまちがって使われている同じ読みの漢字が一字ある。上に誤字を、下に正しい漢字を記せ。 (10) 2×5

1 健康維持のため、ビタミンを豊富に含む野菜や果物の接取を心がける。

2 国内の携帯電話の啓約数は今後も増加すると予測されている。

3 天然温泉や郷土料理が楽しめる支設が近隣にできると伝え聞いた。

4 歴史上に名を残した偉人たちが埋層された場所を巡りながら散策した。

5 裁判員制度の仕組みや抽象的な該念を解説した入門書を読んだ。

11 夕日で海がクレナイに染まる。

12 効果のほどはウタガわしい。

13 広いマキバの緑が目に鮮やかだ。

14 豪華な内装に目をウバわれる。

15 試験終了後スミやかに退出する。

16 信頼のおける弁護士をヤトう。

17 故郷の両親から小包がトドいた。

18 会社にはフルカブの社員がいる。

19 気持ちとウラハラなことを言う。

20 正月にはイナカに帰る予定だ。

―おわり―

3級 総まとめ 答案用紙

※実際の検定での用紙の大きさとは異なります。

(一) 読み (30)

1	2	3	4	5	6	7	8	9	10	11	12	13	14

1×30

(二) 同音・同訓異字 (30)

1	2	3	4	5	6	7	8	9	10
[ア][イ][ウ][エ][オ]	[ア][イ][ウ][エ][オ]	[ア][イ][ウ][エ][オ]	[ア][イ][ウ][エ][オ]	[ア][イ][ウ][エ][オ]	[ア][イ][ウ][エ][オ]	[ア][イ][ウ][エ][オ]	[ア][イ][ウ][エ][オ]	[ア][イ][ウ][エ][オ]	[ア][イ][ウ][エ][オ]

2×15

(四) 熟語の構成 (20)

1	2	3	4	5	6	7	8	9	10
[ア][イ][ウ][エ][オ]	[ア][イ][ウ][エ][オ]	[ア][イ][ウ][エ][オ]	[ア][イ][ウ][エ][オ]	[ア][イ][ウ][エ][オ]	[ア][イ][ウ][エ][オ]	[ア][イ][ウ][エ][オ]	[ア][イ][ウ][エ][オ]	[ア][イ][ウ][エ][オ]	[ア][イ][ウ][エ][オ]

2×10

(六) 対義語・類義語 (20)

1	2	3	4	5	6	7	8	9	10

2×10

(八) 四字熟語 (20)

1	2	3	4	5	6	7	8	9	10

2×10

(十) 書き取り (40)

1	2	3	4	5	6	7	8	9	10

2×20

総得点
/200

15	16	17	18	19	20	21	22	23	24	25	26	27	28	29	30

11	12	13	14	15
[ア][イ][ウ][エ][オ]	[ア][イ][ウ][エ][オ]	[ア][イ][ウ][エ][オ]	[ア][イ][ウ][エ][オ]	[ア][イ][ウ][エ][オ]

(三) 漢字識別 (10)

1	2	3	4	5
[ア][イ][ウ][エ][オ] [カ][キ][ク][ケ][コ]	[ア][イ][ウ][エ][オ] [カ][キ][ク][ケ][コ]	[ア][イ][ウ][エ][オ] [カ][キ][ク][ケ][コ]	[ア][イ][ウ][エ][オ] [カ][キ][ク][ケ][コ]	[ア][イ][ウ][エ][オ] [カ][キ][ク][ケ][コ]

2×5

(五) 部首 (10)

1	2	3	4	5	6	7	8	9	10
[ア][イ][ウ][エ]	[ア][イ][ウ][エ]	[ア][イ][ウ][エ]	[ア][イ][ウ][エ]	[ア][イ][ウ][エ]	[ア][イ][ウ][エ]	[ア][イ][ウ][エ]	[ア][イ][ウ][エ]	[ア][イ][ウ][エ]	[ア][イ][ウ][エ]

1×10

(七) 漢字と送りがな (10)

1	2	3	4	5

2×5

(九) 誤字訂正 (10)

	1	2	3	4	5
誤					
正					

2×5

11	12	13	14	15	16	17	18	19	20

学年別漢字配当表

「小学校学習指導要領」（令和２年４月実施）による。

	ア	イ	ウ	エ	オ	カ	キ	ク	ケ	コ	サ
第一学年 10級		一	右雨	円	王音	下火花貝学	気九休玉金	空	月犬見	五口校	左三山
第二学年 9級		引	羽雲	園遠		何科夏家歌画回会海絵外角楽活間丸岩顔	汽記帰弓牛魚京強教近		兄形計元言原	戸古午後語工公広交光考行高黄合谷国黒今	才細作算
第三学年 8級	悪安暗	医委意育員院飲	運	泳駅	央横屋温	化荷界開階寒感漢館岸	起期客究急級宮球去橋業曲局銀	区苦具君	係軽血決研県	庫湖向幸港号根	祭皿
第四学年 7級	愛案	以衣位茨印		英栄媛塩	岡億	加果貨課芽賀改械害街各覚潟完官管関観願	岐希季旗器機議求泣給挙漁共協鏡競極	熊訓軍郡群	径景芸欠結建健験	固功好香候康	佐差菜最埼材崎昨札刷察参産散残
第五学年 6級	圧	囲移因		永営衛易益液演	応往桜	可仮価河過快解格確額刊幹慣眼	紀基寄規喜技義逆久旧救居許境均禁	句	型経潔件険検限現減	故個護効厚耕航鉱構興講告混	査再災妻採際在財罪殺雑酸賛
第六学年 5級		胃異遺域	宇	映延沿	恩	我灰拡革閣割株干巻看簡	危机揮貴疑吸供胸郷勤筋		系敬警劇激穴券絹権憲源厳	己呼誤后孝皇紅降鋼刻穀骨困	砂座済裁策冊蚕

ノ	ネ	ニ	ナ	ト	テ	ツ	チ	タ	ソ	セ	ス	シ
	年	二日入		土	天田		竹中虫町	大男	早草足村	正生青夕石赤千川先	水	子四糸字耳七車手十出女小上森人
		肉	内南	刀冬当東答頭同道読	弟店点電	通	地池知茶昼長鳥朝直	多太体台	組走	西声星晴切雪船線前	図数	止市矢姉思紙寺自時室社弱首秋週春書少場色食心新親
農				都度投豆島湯登等動童	定庭笛鉄転	追	着注柱丁帳調	他打対待代第題炭短談	相送想息速族	世整昔全		仕死使始指歯詩次事持式実写者主守取酒受州拾終習集住重宿所暑助昭消商章勝乗植申身神真深進
	熱念		奈梨	徒努灯働特徳栃	低底的典伝		置仲沖兆	帯隊達単	争倉巣束側続卒孫	井成省清静席積折節説浅戦選然		氏司試児治滋辞鹿失借種周祝順初松笑唱焼照城縄臣信
能	燃	任		統堂銅導得毒独	停提程適		築貯張	貸態団断	祖素総造像増則測属率損	制性政勢精製税責績接設絶		士支史志枝師資飼示似識質舎謝授修述術準序招証象賞条状常情織職
納脳		乳認	難	討党糖届	敵展	痛	値宙忠著庁頂腸潮賃	退宅担探誕段暖	奏窓創装層操蔵臓存尊	盛聖誠舌宣専泉洗染銭善	垂推寸	至私姿視詞誌磁射捨尺若樹収宗就衆従縦縮熟純処署諸除承将傷障蒸針仁

学年	ハ	ヒ	フ	ヘ	ホ	マ	ミ	ム	メ	モ	ヤ	ユ	ヨ	ラ	リ	ル	レ	ロ	ワ	字数
第一学年 10級	白八	百	文		木本				名	目					立力林			六		学年字数 80字 累計《るいけい》字数 80字
第二学年 9級	馬売買麦半番		父風分聞	米	歩母方北	毎妹万			明鳴	毛門	夜野	友	用曜	来	里理				話	学年字数 160字 累計字数 240字
第三学年 8級	波配倍箱畑発反坂板	皮悲美鼻筆氷表秒病品	負部服福物	平返勉	放		味		命面	問	役薬	由油有遊	予羊洋葉陽様	落	流旅両緑		礼列練	路	和	学年字数 200字 累計字数 440字
第四学年 7級	敗梅博阪飯	飛必票標	不夫付府阜富副	兵別辺変便	包法望牧	末満	未民	無			約	勇	要養浴		利陸良料量輪	類	令冷例連	老労録		学年字数 202字 累計字数 642字
第五学年 6級	破犯判版	比肥非費備評貧	布婦武復複仏粉	編弁	保墓報豊防貿暴		脈	務夢	迷綿			輸	余容		略留領		歴			学年字数 193字 累計字数 835字
第六学年 5級	派拝背肺俳班晩	否批秘俵	腹奮	並陛閉片	補暮宝訪亡忘棒	枚幕	密		盟	模	訳	郵優	預幼欲翌	乱卵覧	裏律臨			朗論		学年字数 191字 累計字数 1026字

級別漢字表

小学校学年別配当漢字を除く一一一〇字。

級	ア	イ	ウ	エ	オ	カ	キ	ク	ケ	コ	サ	シ
4級	握扱	依威為偉違維緯壱 芋陰隠		影鋭越援煙鉛縁	汚押奥憶	菓暇箇雅介戒皆壊 較獲刈甘汗乾勧歓 監環鑑含	奇祈鬼幾輝儀戯詰 却脚及丘朽巨拠距 御凶叫狂況狭恐響 驚仰	駆屈掘繰	恵傾継迎撃肩兼剣 軒圏堅遣玄	枯誇鼓互抗攻更恒 荒項稿豪込婚	鎖彩歳載剤咲惨	旨伺刺脂紫雌執芝 斜煮釈寂朱狩 シ続く
3級	哀	慰		詠悦閲炎宴	欧殴乙卸穏	佳架華嫁餓怪悔塊 慨該概郭隔穫岳掛 滑肝冠勘貫喚換敢 緩	企忌軌既棋棄騎欺 犠菊吉喫虐虚峡脅 凝斤緊	愚偶遇	刑契啓掲携憩鶏鯨 倹賢幻	孤弧雇顧娯悟孔巧 甲坑拘郊控慌硬絞 綱酵克獄恨紺魂墾	債催削搾錯撮擦暫	祉施諮侍慈軸疾湿 赦邪殊寿潤遵 シ続く
準2級	亜	尉逸姻韻	畝浦	疫謁猿	凹翁虞	渦禍靴寡稼蚊拐懐 劾涯垣核殻嚇括喝 渇褐轄且缶陥患堪 棺款閑寛憾還艦頑	飢宜偽擬糾窮拒享 挟恭矯暁菌琴謹襟 吟	隅勲薫	茎渓蛍慶傑嫌献謙 繭顕懸弦	呉碁江肯侯洪貢溝 衡購拷剛酷昆懇	唆詐砕宰栽斎索酢 桟傘	肢嗣賜璽漆遮蛇酌 爵珠儒囚臭愁 シ続く
2級	挨曖宛嵐	畏萎椅彙咽淫	唄鬱	怨艶	旺臆俺	苛牙瓦楷潰諧崖蓋 骸柿顎葛釜鎌韓玩	伎亀毀畿臼嗅巾僅 錦	惧串窟	詣憬稽隙桁拳鍵舷	股虎錮勾梗喉乞傲 駒頃痕	沙挫采塞柵刹拶斬	恣摯餌叱嫉腫呪袖 羞蹴憧拭尻芯 シ続く

読み	4級	3級	準2級	2級
シ続き	趣需舟秀襲柔獣瞬 旬巡盾召床沼称紹 詳丈畳殖飾触侵振 浸寝慎震薪尽陣尋	如徐匠昇掌晶焦衝 鐘冗嬢錠譲嘱辱伸 辛審	酬醜汁充渋銃叔淑 粛塾俊准殉循庶緒 叙升抄肖尚宵症祥 渉訟硝粧詔奨彰償 礁浄剰壌醸津唇娠 紳診刃迅甚	腎
ス	吹	炊粋衰酔遂穂随髄	帥睡枢崇据杉	須裾
セ	是姓征跡占扇鮮	瀬牲婿請斥隻惜籍 摂潜繕	斉逝誓析拙窃仙栓 旋践遷薦繊禅漸	凄醒脊戚煎羨腺詮 箋膳
ソ	訴僧燥騒贈即俗	阻措粗礎双桑掃葬 遭憎促賊	租疎塑壮荘捜挿曹 喪槽霜藻	狙遡曽爽痩踪捉遜
タ	耐替沢拓濁脱丹淡 嘆端弾	怠胎袋逮滞滝択卓 託諾奪胆鍛壇	妥堕惰駄泰濯但棚	汰唾堆戴誰旦綻
チ	恥致遅蓄跳徴澄沈 珍	稚畜窒抽鋳駐彫超 聴陳鎮	痴逐秩嫡衷弔挑眺 釣懲勅朕	緻酎貼嘲捗
ツ		墜	塚漬坪	椎爪鶴
テ	抵堤摘滴添殿	帝訂締哲	呈廷邸亭貞逓偵艇 泥迭徹撤	諦溺塡
ト	吐途渡奴怒到逃倒 唐桃透盗塔稲踏闘 胴峠突鈍曇	斗塗凍陶痘匿篤豚	悼搭棟筒謄騰洞督 凸屯	妬賭藤瞳頓貪丼
ナ			軟	那謎鍋
ニ	弐	尿	尼妊忍	匂虹
ネ		粘	寧	捻
ノ	悩濃			
ハ	杯輩拍泊迫薄爆髪 抜罰般販搬範繁盤	婆排陪縛伐帆伴畔 藩蛮	把覇廃培媒賠伯舶 漠肌鉢閥煩頒	罵剝箸氾汎斑

	ヒ	フ	ヘ	ホ	マ	ミ	ム	メ	モ	ヤ	ユ	ヨ	ラ	リ	ル	レ	ロ	ワ
計313字 5級まで1026字 累計《るいけい》1339字	彼疲被避尾微匹描浜敏	怖浮普腐敷膚賦舞幅払噴	柄壁	捕舗抱峰砲忙坊肪冒傍帽凡盆	慢漫	妙眠	矛霧娘		茂猛網黙紋	躍	雄	与誉溶腰踊謡翼	雷頼絡欄	離粒慮療隣	涙	隷齢麗暦劣烈恋	露郎	惑腕
計284字 4級まで1339字 累計1623字	卑碑泌姫漂苗	赴符封伏覆紛墳	癖	募慕簿芳邦奉胞倣崩飽縫乏妨房某膨謀墨没翻	魔埋膜又	魅		滅免			幽誘憂	揚揺擁抑	裸濫	吏隆了猟陵糧厘		励零霊裂廉錬	炉浪廊楼漏	湾
計328字 3級まで1623字 累計1951字	妃披扉罷猫賓頻瓶	扶附譜侮沸雰憤	丙併塀幣弊偏遍	泡俸褒剖紡朴僕撲堀奔	麻摩磨抹	岬		銘	妄盲耗	厄	愉諭癒唯悠猶裕融	庸窯	羅酪	痢履柳竜硫虜涼僚寮倫	累塁	戻鈴		賄枠
計185字 準2級まで1951字 累計2136字	眉膝肘	訃	蔽餅璧蔑	哺蜂貌頰睦勃	昧枕	蜜		冥麺		冶弥闇	喩湧	妖瘍沃	拉辣藍	璃慄侶瞭	瑠		呂賂弄籠麓	脇

部首一覧表

表の上には部首を画数順に配列し、下には漢字の中で占める位置によって形が変化するものや特別な名称を持つものを示す。

偏《へん》…
旁《つくり》…
冠《かんむり》…
脚《あし》…
垂《たれ》…
繞《にょう》…
構《かまえ》…

画数	番号	部首	字形	位置	名称
一画	1	【一】	一		いち
	2	【丨】	丨		ぼう たてぼう
	3	【丶】	丶		てん
	4	【丿】	丿		の はらいぼう
	5	【乙】	乙		おつ
			乚	旁	おつ
	6	【亅】	亅		はねぼう
二画	7	【二】	二		に
	8	【亠】	亠	冠	なべぶた けいさんかんむり
	9	【人】	人		ひと
			亻	偏	にんべん
			𠆢	冠	ひとやね
	10	【入】	入		いる
	11	【儿】	儿		ひとあし にんにょう
	12	【八】	八		はち
			八	脚	は
	13	【冂】	冂	構	どうがまえ けいがまえ まきがまえ
	14	【冖】	冖	冠	わかんむり
	15	【冫】	冫		にすい
	16	【几】	几		つくえ
	17	【凵】	凵		うけばこ
	18	【刀】	刀		かたな
			刂	旁	りっとう
	19	【力】	力		ちから
	20	【勹】	勹	構	つつみがまえ
	21	【匕】	匕		ひ
	22	【匚】	匚	構	はこがまえ
	23	【匸】	匸	構	かくしがまえ
	24	【十】	十		じゅう
	25	【卜】	卜		と うらない
	26	【卩】	卩		わりふ ふしづくり
			㔾		わりふ ふしづくり
	27	【厂】	厂	垂	がんだれ
	28	【厶】	厶		む
	29	【又】	又		また
三画	30	【口】	口		くち
			口	偏	くちへん
	31	【囗】	囗	構	くにがまえ
	32	【土】	土		つち
			土	偏	つちへん
	33	【士】	士		さむらい
	34	【夂】	夂	脚	すいにょう ふゆがしら
	35	【夕】	夕		た ゆうべ
	36	【大】	大		だい
	37	【女】	女		おんな
			女	偏	おんなへん
	38	【子】	子		こ
			子	偏	こへん
	39	【宀】	宀	冠	うかんむり
	40	【寸】	寸		すん
	41	【小】	小		しょう
			⺌	冠	しょう

42	【尢】	尢	だいのまげあし
43	【尸】	尸	かばね しかばね
44	【屮】	屮	てつ
45	【山】	山	やま
		山	やまへん
46	【川】	川	かわ
		巛	かわ
47	【工】	工	え たくみ
		工	たくみへん
48	【己】	己	おのれ
49	【巾】	巾	はば
		巾	はばへん きんべん
50	【干】	干	かん いちじゅう
51	【幺】	幺	よう いとがしら
52	【广】	广	まだれ
53	【廴】	廴	えんにょう
54	【廾】	廾	こまぬき にじゅうあし
55	【弋】	弋	しきがまえ
56	【弓】	弓	ゆみ
		弓	ゆみへん
57	【彐】	彑	けいがしら
58	【彡】	彡	さんづくり
59	【彳】	彳	ぎょうにんべん
60	【⺍】	⺍	つかんむり

四画

忄↓心　扌↓手
氵↓水　犭↓犬
艹↓艸　辶↓辵
阝(右)↓邑　阝(左)↓阜

61	【心】	心	こころ
		忄	りっしんべん
		⺗	したごころ
62	【戈】	戈	ほこづくり ほこがまえ
63	【戸】	戸	と
		戸	とだれ とかんむり
64	【手】	手	て
		扌	てへん
65	【支】	支	し
66	【攴】	攵	のぶん ぼくづくり
67	【文】	文	ぶん
68	【斗】	斗	とます
69	【斤】	斤	きん
		斤	おのづくり
70	【方】	方	ほう
		方	ほうへん かたへん
71	【日】	日	ひ
		日	ひへん
72	【曰】	曰	ひらび いわく
73	【月】	月	つき
		月	つきへん
74	【木】	木	き
		木	きへん
75	【欠】	欠	あくび かける
76	【止】	止	とめる
77	【歹】	歹	かばねへん いちたへん がつへん
78	【殳】	殳	るまた ほこづくり
79	【毋】	毋	なかれ
80	【比】	比	ならびひ くらべる
81	【毛】	毛	け
82	【氏】	氏	うじ
83	【气】	气	きがまえ
84	【水】	水	みず

84	【水】	氵	さんずい
		氺	したみず
85	【火】	火	ひ
		火	ひへん
		灬	れんが・れっか
86	【爪】	爪	つめ
		爫	つめかんむり・つめがしら
87	【父】	父	ちち
88	【片】	片	かた
		片	かたへん
89	【牙】	牙	きば
90	【牛】	牛	うし
		牜	うしへん
91	【犬】	犬	いぬ
		犭	けものへん

王・王→玉　礻→示　耂→老　辶→辵

五画

92	【玄】	玄	げん
93	【玉】	玉	たま
		王	おう
		王	おうへん・たまへん
94	【瓦】	瓦	かわら
95	【甘】	甘	かん・あまい
96	【生】	生	うまれる
97	【用】	用	もちいる
98	【田】	田	た
		田	たへん
99	【疋】	疋	ひき
		𤴔	ひきへん
100	【疒】	疒	やまいだれ
101	【癶】	癶	はつがしら
102	【白】	白	しろ
103	【皮】	皮	けがわ
104	【皿】	皿	さら
105	【目】	目	め
		目	めへん
106	【矛】	矛	ほこ
107	【矢】	矢	や
		矢	やへん
108	【无】	旡	なし・ぶ・すでのつくり
109	【石】	石	いし
		石	いしへん
110	【示】	示	しめす
		礻	しめすへん
111	【禾】	禾	のぎ
		禾	のぎへん
112	【穴】	穴	あな
		穴	あなかんむり
113	【立】	立	たつ
		立	たつへん

氺→水　衤→衣　罒→网

六画

114	【竹】	竹	たけ
		⺮	たけかんむり
115	【米】	米	こめ
		米	こめへん
116	【糸】	糸	いと
		糸	いとへん
117	【缶】	缶	ほとぎ
118	【网】	罒	あみがしら・あみめ・よこめ

番号	部首	字形	名称
119	【羊】	羊	ひつじ
120	【羽】	羽	はね
121	【老】	耂	おいかんむり おいがしら
122	【而】	而	しかして しこうして
123	【耒】	耒	すきへん らいすき
124	【耳】	耳	みみ
		耳	みみへん
125	【聿】	聿	ふでづくり
126	【肉】	肉	にく
		月	にくづき
127	【自】	自	みずから
128	【至】	至	いたる
129	【臼】	臼	うす
130	【舌】	舌	した
131	【舟】	舟	ふね
131	【舟】	舟	ふねへん
132	【艮】	艮	ねづくり こんづくり
133	【色】	色	いろ
134	【艸】	艹	くさかんむり
135	【虍】	虍	とらがしら とらかんむり
136	【虫】	虫	むし
		虫	むしへん
137	【血】	血	ち
138	【行】	行	ぎょう
		行	ぎょうがまえ ゆきがまえ
139	【衣】	衣	ころも
		衤	ころもへん
140	【襾】	西	にし
		覀	おおいかんむり

七画

番号	部首	字形	名称
141	【見】	見	みる
142	【臣】	臣	しん
143	【角】	角	かく つの
		角	つのへん
144	【言】	言	げん
		言	ごんべん
145	【谷】	谷	たに
146	【豆】	豆	まめ
147	【豕】	豕	ぶた いのこ
148	【豸】	豸	むじなへん
149	【貝】	貝	かい こがい
		貝	かいへん
150	【赤】	赤	あか
151	【走】	走	はしる
		走	そうにょう
152	【足】	足	あし
		𧾷	あしへん
153	【身】	身	み
154	【車】	車	くるま
		車	くるまへん
155	【辛】	辛	からい
156	【辰】	辰	しんのたつ
157	【辵】	辶	しんにょう しんにゅう
		⻌	しんにょう しんにゅう
158	【邑】	阝	おおざと
159	【酉】	酉	ひよみのとり
		酉	とりへん
160	【釆】	釆	のごめ
		釆	のごめへん
161	【里】	里	さと

※注「⻌」については「遡・遜」のみに適用。

番号	部首	字形	名称
161	【里】	里	さとへん
162	【舛】	舛	まいあし
163	【麦】	麦	むぎ
		麦	ばくにょう
八画			
164	【金】	金	かね
		釒	かねへん
165	【長】	長	ながい
166	【門】	門	もん
		門	もんがまえ
167	【阜】	阜	おか
		阝	こざとへん
168	【隶】	隶	れいづくり
169	【隹】	隹	ふるとり
170	【雨】	雨	あめ
		⻗	あめかんむり
171	【青】	青	あお
172	【非】	非	あらず ひ
173	【斉】	斉	せい
九画			
174	【面】	面	めん
175	【革】	革	かくのかわ つくりがわ
		革	かわへん
176	【音】	音	おと
177	【頁】	頁	おおがい
178	【風】	風	かぜ
179	【飛】	飛	とぶ
180	【食】	食	しょく
		飠	しょくへん
		𩙿	しょくへん
181	【首】	首	くび
182	【香】	香	か かおり
十画			
183	【馬】	馬	うま
		馬	うまへん
184	【骨】	骨	ほね
		骨	ほねへん
185	【高】	高	たかい
186	【髟】	髟	かみがしら
187	【鬯】	鬯	ちょう
188	【鬼】	鬼	おに
		鬼	きにょう
189	【韋】	韋	なめしがわ
190	【竜】	竜	りゅう
十一画			
191	【魚】	魚	うお
		魚	うおへん
192	【鳥】	鳥	とり
193	【鹿】	鹿	しか
194	【麻】	麻	あさ
195	【黄】	黄	き
196	【黒】	黒	くろ
197	【亀】	亀	かめ
十二画			
198	【歯】	歯	は
		歯	はへん
十三画			
199	【鼓】	鼓	つづみ
十四画			
200	【鼻】	鼻	はな

※注「𩙿」については「餌・餅」のみに適用。

中学校で学習する音訓一覧表

＊学習漢字のうち、中学校で習う読み方を学年・字音の五十音順に一覧表にした。

小学校1年

音	イン
下	もと
字	あざ
耳	ジ
手	た
出	スイ
女	ニョ め
上	のぼ(せる) のぼ(す)
生	お(う) き
夕	セキ
石	コク
川	セン
早	サッ
文	ふみ
目	ボク

小学校2年

羽	ウ
園	その
何	カ
夏	ゲ
外	ゲ
弓	キュウ
京	ケイ
強	ゴウ し(いる)
兄	ケイ
後	おく(れる)
公	おおやけ
交	か(う) か(わす)
黄	コウ こ
谷	コク
今	キン
姉	シ
室	むろ
図	はか(る)
声	こわ
星	ショウ
切	サイ
体	テイ
茶	サ
弟	テイ デ
頭	かしら
内	ダイ
麦	バク
歩	ブ
妹	マイ
万	バン
門	かど
来	きた(る) きた(す)

小学校3年

化	ケ
荷	カ
客	カク
究	きわ(める)
宮	グウ
業	わざ
軽	かろ(やか)
研	と(ぐ)
幸	さち
次	シ
守	も(り)
州	す
拾	シュウ ジュウ
集	つど(う)
助	すけ
商	あきな(う)
勝	まさ(る)
申	シン
神	かん
昔	シャク
相	ショウ
速	すみ(やか)
対	ツイ
代	しろ
丁	テイ
調	ととの(う) ととの(える)
度	タク たび
童	わらべ
発	ホツ
反	タン
鼻	ビ
病	や(む)
命	ミョウ
面	おも おもて
役	エキ
有	ウ
和	やわ(らぐ) やわ(らげる) なご(む) なご(やか)

小学校4年

衣	ころも
媛	エン
街	カイ
岐	キ
器	うつわ
機	はた
泣	キュウ
競	きそ(う)
極	ゴク きわ(める) きわ(まる) きわ(み)
結	ゆ(う) ゆ(わえる)
健	すこ(やか)
香	コウ
氏	うじ
試	ため(す)
児	ニ
滋	ジ
辞	や(める)
初	そ(める)
笑	ショウ え(む)
焼	ショウ
縄	ジョウ
井	ショウ
省	かえり(みる)
静	ジョウ
浅	セン
戦	いくさ
仲	チュウ
阪	ハン
夫	フウ
望	モウ

牧	まき
民	たみ
要	い(る)
小学校5年	
仮	ケ
眼	まなこ
基	もと
技	わざ
境	ケイ
経	キョウ
故	ゆえ
厚	コウ
災	わざわ(い)
財	サイ
示	シ
似	ジ
質	シチ
謝	あやま(る)
授	さず(ける) さず(かる)
修	シュ
性	ショウ
精	ショウ
素	ス
率	ソツ
損	そこ(なう) そこ(ねる)
貸	タイ
断	た(つ)
提	さ(げる)
程	ほど
得	う(る)
犯	おか(す)
費	つい(やす) つい(える)
貧	ヒン
報	むく(いる)
暴	バク
迷	メイ
小学校6年	
遺	ユイ
映	は(える)
我	ガ わ
灰	カイ
革	かわ
割	カツ さ(く)
干	ひ(る)
危	あや(うい) あや(ぶむ)
机	キ
貴	たっと(い) とうと(い) たっと(ぶ) とうと(ぶ)
胸	むな
郷	ゴウ
穴	ケツ
厳	おごそ(か)
己	キ おのれ
紅	ク くれない
鋼	はがね
砂	シャ
座	すわ(る)
裁	た(つ)
若	ジャク
宗	ソウ
就	つ(く) つ(ける)
熟	う(れる)
除	ジ
承	うけたまわ(る)
傷	いた(む) いた(める)
蒸	む(す) む(れる) む(らす)
仁	ニ
推	お(す)
盛	セイ さか(る) さか(ん)
誠	まこと
舌	ゼツ
専	もっぱ(ら)
染	セン
銭	ぜに
装	ショウ
操	あやつ(る)
蔵	くら
探	さぐ(る)
値	あたい
著	あらわ(す) いちじる(しい)
敵	かたき
討	う(つ)
乳	ち
認	ニン
納	ナッ トウ
背	そむ(く) そむ(ける)
秘	ひ(める)
並	ヘイ
閉	と(ざす)
片	ヘン
暮	ボ
訪	おとず(れる)
忘	ボウ
優	やさ(しい) すぐ(れる)
欲	ほ(しい)
卵	ラン
裏	リ
臨	のぞ(む)
朗	ほが(らか)

常用漢字表　付表（熟字訓・当て字など）

＊小・中・高：小学校・中学校・高等学校のどの時点で学習するかの割り振りを示した。
※以下に挙げられている語を構成要素の一部とする熟語に用いてもかまわない。
例「河岸（かし）」→「魚河岸（うおがし）」／「居士（こじ）」→「一言居士（いちげんこじ）」

付表1

語	読み	小	中	高
明日	あす	●		
小豆	あずき		●	
海女・海士	あま			●
硫黄	いおう		●	
意気地	いくじ		●	
田舎	いなか		●	
息吹	いぶき			●
海原	うなばら		●	
乳母	うば		●	
浮気	うわき			●
浮つく	うわつく		●	
笑顔	えがお		●	
叔父・伯父	おじ		●	
大人	おとな	●		
乙女	おとめ		●	
叔母・伯母	おば		●	
お巡りさん	おまわりさん		●	
お神酒	おみき			●
母屋・母家	おもや			●
母さん	かあさん	●		
神楽	かぐら			●
河岸	かし			●
鍛冶	かじ		●	
風邪	かぜ		●	
固唾	かたず		●	
仮名	かな		●	
蚊帳	かや			●
為替	かわせ		●	
河原・川原	かわら	●		
昨日	きのう	●		
今日	きょう	●		
果物	くだもの	●		
玄人	くろうと			●
今朝	けさ	●		
景色	けしき	●		
心地	ここち		●	

語	読み	小	中	高
居士	こじ			●
今年	ことし	●		
早乙女	さおとめ		●	
雑魚	ざこ			●
桟敷	さじき			●
差し支える	さしつかえる		●	
五月	さつき		●	
早苗	さなえ		●	
五月雨	さみだれ		●	
時雨	しぐれ		●	
尻尾	しっぽ		●	
竹刀	しない		●	
老舗	しにせ		●	
芝生	しばふ		●	
清水	しみず	●		
三味線	しゃみせん		●	
砂利	じゃり		●	
数珠	じゅず			●
上手	じょうず	●		
白髪	しらが		●	
素人	しろうと			●
師走	しわす(しはす)			●
数寄屋・数奇屋	すきや			●
相撲	すもう		●	
草履	ぞうり		●	
山車	だし			●
太刀	たち		●	
立ち退く	たちのく		●	
七夕	たなばた	●		
足袋	たび		●	
稚児	ちご			●
一日	ついたち	●		
築山	つきやま			●
梅雨	つゆ		●	
凸凹	でこぼこ		●	
手伝う	てつだう	●		
伝馬船	てんません			●
投網	とあみ			●
父さん	とうさん	●		
十重二十重	とえはたえ			●
読経	どきょう			●
時計	とけい	●		
友達	ともだち	●		
仲人	なこうど			●
名残	なごり		●	
雪崩	なだれ		●	
兄さん	にいさん	●		
姉さん	ねえさん	●		
野良	のら			●
祝詞	のりと			●
博士	はかせ	●		

語	読み	小	中	高
二十・二十歳	はたち		●	
二十日	はつか	●		
波止場	はとば		●	
一人	ひとり	●		
日和	ひより		●	
二人	ふたり	●		
二日	ふつか	●		
吹雪	ふぶき		●	
下手	へた	●		
部屋	へや	●		
迷子	まいご	●		
真面目	まじめ	●		
真っ赤	まっか	●		
真っ青	まっさお	●		
土産	みやげ		●	
息子	むすこ		●	
眼鏡	めがね	●		

語	読み	小	中	高
猛者	もさ			●
紅葉	もみじ		●	
木綿	もめん		●	
最寄り	もより		●	
八百長	やおちょう			●
八百屋	やおや	●		
大和	やまと		●	
弥生	やよい		●	
浴衣	ゆかた			●
行方	ゆくえ		●	
寄席	よせ			●
若人	わこうど		●	

付表2

語	読み	小	中	高
愛媛	えひめ	●		
茨城	いばらき	●		
岐阜	ぎふ	●		
鹿児島	かごしま	●		
滋賀	しが	●		
宮城	みやぎ	●		
神奈川	かながわ	●		
鳥取	とっとり	●		
大阪	おおさか	●		
富山	とやま	●		
大分	おおいた	●		
奈良	なら	●		

二とおりの読み

↓のようにも読める。

「常用漢字表」（平成22年）本表備考欄による。

遺言	ユイゴン	↓	イゴン
奥義	オウギ	↓	おくギ
堪能	カンノウ	↓	タンノウ
吉日	キチジツ	↓	キツジツ
兄弟	キョウダイ	↓	ケイテイ
甲板	カンパン	↓	コウハン
合点	ガッテン	↓	ガテン
昆布	コンブ	↓	コブ
紺屋	コンや	↓	コウや
詩歌	シカ	↓	シイカ
七日	なのか	↓	なぬか
老若	ロウニャク	↓	ロウジャク
寂然	セキゼン	↓	ジャクネン
法主	ホッス	↓	ホウシュ ホッシュ
十	ジッ	↓	ジュッ
情緒	ジョウチョ	↓	ジョウショ
憧憬	ショウケイ	↓	ドウケイ
人数	ニンズ	↓	ニンズウ
寄贈	キソウ	↓	キゾウ
側	がわ	↓	かわ
唾	つば	↓	つばき
愛着	アイジャク	↓	アイチャク
執着	シュウジャク	↓	シュウチャク
貼付	チョウフ	↓	テンプ
難しい	むずかしい	↓	むつかしい
分泌	ブンピツ	↓	ブンピ
富貴	フウキ	↓	フッキ
文字	モンジ	↓	モジ
大望	タイモウ	↓	タイボウ
頬	ほお	↓	ほほ
末子	バッシ	↓	マッシ
末弟	バッテイ	↓	マッテイ
免れる	まぬかれる	↓	まぬがれる
妄言	ボウゲン	↓	モウゲン
面目	メンボク	↓	メンモク
問屋	とんや	↓	といや
礼拝	ライハイ	↓	レイハイ

注意すべき読み

「常用漢字表」（平成22年）本表備考欄による。

三位一体	サンミイッタイ	反応	ハンノウ
従三位	ジュサンミ	順応	ジュンノウ
一羽	イチわ	観音	カンノン
三羽	サンば	安穏	アンノン
六羽	ロッぱ	天皇	テンノウ
春雨	はるさめ	身上	シンショウ シンジョウ （読み方により意味が違う）
小雨	こさめ		
霧雨	きりさめ		
因縁	インネン	一把	イチワ
親王	シンノウ	三把	サンバ
勤王	キンノウ	十把	ジッ（ジュッ）パ

漢検　3級　漢字学習ステップ　改訂四版

2024年8月20日　第1版第10刷　発行
編　者　公益財団法人 日本漢字能力検定協会
発行者　山崎　信夫
印刷所　三省堂印刷株式会社

発行所　公益財団法人 日本漢字能力検定協会
〒605-0074　京都市東山区祇園町南側551番地
☎(075)757-8600
ホームページ https://www.kanken.or.jp/

Printed in Japan
ISBN978-4-89096-403-1 C0081

公益財団法人 日本漢字能力検定協会

改訂四版

漢検 漢字学習 ステップ

漢検

標準解答

別冊

3級

「標準解答」は、
別冊になっています。
とりはずして使って
ください。

※「標準解答」をとじているはり金でけがをしないよう、
気をつけてください。

漢検 公益財団法人 日本漢字能力検定協会

700403 (1-10)

ステップ1

P.8
1

1 いりゅう
2 あいせつ
3 こうえつ
4 あわ
5 きょうえつ
6 きえん
7 ほくおう
8 なぐさ
9 えいたん
10 ほのお
11 しゅくえん
12 いろう
13 えんてんか
14 おうしゅう
15 けんえつ
16 えがお
17 さつきば
18 むすこ
19 ようえき
20 と
21 めいろう
22 ほが
23 だつぼう
24 ぬ

P.9
2

1 エ
2 ウ
3 エ
4 イ
5 ア
6 エ
7 イ
8 イ
9 ア
10 ア

3

1 沈
2 干
3 迎
4 果
5 哀
6 支
7 復
8 他
9 濁
10 長

P.10
4

1 欧米
2 炎上
3 哀
4 慰
5 朗詠
6 閲覧
7 炎
8 慰安
9 悲哀
10 満悦
11 宴会
12 安易
13 類似
14 臨場
15 人影
16 腹筋
17 遺産
18 胃酸
19 維持
20 意地
21 押
22 推
23 暖
24 温

ステップ2

P.12
1

1 おつ
2 おんとう
3 おろ
4 かきょう
5 こうか
6 かれい
7 おんけん
8 がき
9 とつ
10 たんか
11 ぜっか
12 か
13 はな
14 はなよめ
15 おろしね
16 おだ
17 よこなぐ
18 うなばら
19 おてん
20 きたな
21 ばくしょう
22 え
23 きんりん
24 となり

P.13
2

1 兼備
2 平穏
3 低頭
4 千変
5 同工
6 消沈
7 一髪
8 風月
9 電光
10 思慮

3

1 的↓摘
2 位↓囲
3 境↓況
4 温↓穏
5 期↓揮
6 架↓欠
7 所↓諸
8 菓↓華
9 角↓閣
10 仮↓架

P.14
4

1 豪華
2 殴
3 乙
4 穏便
5 架
6 兄嫁
7 餓死
8 穏
9 卸
10 十字架
11 佳作
12 嫁
13 芋
14 器
15 沿革
16 呼応
17 極
18 声援
19 系統
20 傾倒
21 仮設
22 仮説
23 備
24 供

ステップ3

P.16 **1**

1 かいき
2 かいこん
3 がいよう
4 かくねん
5 がいはく
6 かい
7 かたまり
8 きがい
9 へだ
10 くや
11 あや
12 かんがい
13 がいかく
14 かくぜつ
15 く
16 かいじゅう
17 がいさん
18 はとば
19 はいけい
20 そむ
21 かんせん
22 そ
23 はんきょう
24 ひび

P.17 **2**

1 イ・ウ
2 ア・イ
3 ア・ウ
4 イ・エ
5 イ・ウ
6 ア・ウ
（順不同）

3

1 エ
2 ア
3 ウ
4 イ
5 イ
6 ア
7 ウ
8 イ
9 エ
10 イ

P.18 **4**

1 間隔
2 後悔
3 怪
4 金塊
5 悔
6 輪郭
7 概念
8 概嘆
9 怪盗
10 該当
11 隔
12 悔
13 我流
14 汗
15 暦
16 対処
17 逆手
18 気象
19 起床
20 過程
21 課程
22 著
23 表
24 現

ステップ4

P.20 **1**

1 か
2 かっこう
3 かんむり
4 かんあん
5 つらぬ
6 えんかつ
7 てが
8 がくふ
9 きもだめ
10 とっかん
11 しゅうかく
12 すべ
13 かんぞう
14 かんすい
15 かんじょう
16 かんつう
17 こっ
18 うわ
19 たいき
20 はた
21 しゃめん
22 なな
23 しょうさい
24 くわ

P.21 **2**

1 かめ
2 く
3 い
4 いる
5 らかな
6 てる
7 い
8 しい
9 し
10 り

3

1 イ
2 ア
3 イ
4 ア
5 ア
6 イ
7 イ

P.22 **4**

1 滑
2 収穫
3 冠
4 一貫
5 滑走
6 山岳
7 度肝
8 栄冠
9 貫
10 勘違
11 肝要
12 掛
13 滑
14 腐
15 鼓舞
16 専門
17 紀行
18 寄稿
19 行為
20 更衣
21 贈
22 送
23 狩
24 借

ステップ5

P.24 **1**

1 か
2 かんもん
3 かんわ
4 きひ
5 かんき
6 かんこう
7 かんせい
8 きかく
9 きび
10 かかん
11 じょうき
12 ゆる
13 くわだ
14 かんぜん
15 たき
16 あきな
17 もよ
18 かわせ
19 ねっきょう
20 くる
21 えんぴつ
22 なまり
23 じょうぶ
24 たけ

P.25 **2**

1 喜色
2 緩急
3 怪奇
4 応変
5 乾燥
6 日進
7 絶後
8 一貫
9 夢中
10 感慨

3

1 換→慣
2 典→展
3 深→信
4 勘→観
5 績→跡

P.26 **4**

1 緩急
2 換
3 企業
4 喚起
5 転換
6 勇敢
7 忌
8 軌道
9 緩
10 変換
11 企
12 芝居
13 乳飲
14 裁
15 巨大
16 枯
17 感傷
18 完勝
19 刺
20 差
21 指
22 凶
23 経
24 興

ステップ6

P.28 **1**

1 きっぽう
2 ぎ
3 きけん
4 きてい
5 はき
6 きへい
7 あざむ
8 きく
9 ぎ
10 だいきち
11 きしゅ
12 ききゃく
13 すで
14 きこん
15 しょうぎ
16 きっきょう
17 のぎく
18 とっぴょうし
19 ふぶき
20 なごり
21 こい
22 ゆえ
23 しんすい
24 ひた

P.29 **2**

1 ウ
2 エ
3 イ
4 ウ
5 エ
6 イ
7 エ
8 ウ
9 ア
10 エ

3

1 自棄
2 苦闘
3 熟慮
4 一騎
5 落着
6 周到
7 転倒
8 千客
9 端麗
10 奇想

P.30 **4**

1 欺
2 菊
3 既
4 棋士
5 騎馬
6 放棄
7 犠打
8 不吉
9 既成
10 納豆
11 扱
12 人質
13 素直
14 静脈
15 著
16 公
17 吉日
18 降水
19 香水
20 交互
21 口語
22 移
23 映
24 写

力だめし 第1回

1 P.31
1 せいおう　2 えんせき　3 なぐ　4 えつ　5 はんかがい
6 かんどう　7 へいおん　8 おだ　9 きと　10 くわだ

2
1 エ　2 イ　3 エ　4 ア　5 エ
6 ア　7 ウ　8 エ　9 ウ　10 ア

3 P.32
1 肥やす　2 欺く　3 緩やかな　4 唱える　5 臨む
6 絶やす　7 慰める　8 割れる　9 失っ　10 養う

4
1 ウ　2 ア　3 エ　4 ウ　5 エ
6 オ　7 オ　8 ア　9 ウ　10 イ

5 P.33
1 ウ　2 ア　3 イ　4 ウ　5 エ
6 エ　7 イ　8 ア　9 オ　10 ウ

6
1 悲　2 豪　3 詳　4 重　5 架
6 技　7 困　8 往　9 久　10 奮

7 P.34
1 鉄壁　2 冠婚　3 三脚　4 優柔　5 漫言
6 自棄　7 止水　8 滑脱　9 起死　10 馬耳

8
1 卸　2 最善　3 王冠　4 肺炎　5 我先
6 既製　7 風潮　8 奥歯　9 握　10 追憶

ステップ 7

1 P.36
1 じぎゃく　2 くうきょ　3 まんきつ　4 おど
5 ぎょうけつ　6 きんみつ　7 おろ　8 ざんぎゃく
9 きつえん　10 きょ　11 きょうはく　12 こ
13 さんきょう　14 いっきん　15 あんぐ　16 きそ
17 おとず　18 いくさ　19 ちこく　20 おそ
21 しなん　22 いた　23 ちんもく　24 しず

2 P.37
1 イ・ウ　2 ア・エ　3 イ・エ
4 ア・イ　5 イ・エ　6 ア・ウ
（順不同）

3
1 喚　2 勧　3 緩
4 換　5 勘　6 冠
7 感　8 環　9 貫
10 敢

4 P.38
1 凝　2 脅威　3 斤　4 愚直　5 凝固
6 海峡　7 虐待　8 喫茶　9 虚弱　10 脅
11 愚　12 緊急　13 現役　14 机上　15 淡
16 強　17 財布　18 田舎　19 岐路　20 帰路
21 厳戒　22 限界　23 入　24 要

ステップ8

P.40
1
1 しょうけい
2 けいはつ
3 はいぐう
4 けいき
5 かか
6 たいぐう
7 けいじ
8 たずさ
9 いこ
10 けいさい
11 けいじ
12 ぐうぜん
13 れんけい
14 げんけい
15 にゅうか
16 すあし
17 むく
18 すこ
19 てんかん
20 か
21 ぜっきょう
22 さけ
23 ぎわく
24 まど

P.41
2
1 境
2 像
3 知
4 問
5 携
6 算
7 宴
8 冠
9 架
10 征

3
1 ク
2 オ
3 コ
4 ア
5 イ

P.42
4
1 掲
2 携
3 契約
4 休憩
5 偶数
6 刑罰
7 掲示
8 処遇
9 携行
10 憩
11 拝啓
12 故
13 精進
14 早速
15 心地
16 勝
17 翼
18 却下
19 桃
20 誤
21 謝
22 脂肪
23 志望
24 死亡

ステップ9

P.44
1
1 かしこ
2 とうけい
3 くじら
4 きんけん
5 げんそう
6 ここう
7 やと
8 けんさつ
9 げいいん
10 まぼろし
11 こ
12 こよう
13 げんわく
14 にわとり
15 ごういん
16 ゆ
17 すわ
18 さはんじ
19 しんく
20 くちべに
21 ちょうやく
22 は
23 とうそう
24 に

P.45
2
1 円滑
2 栄華
3 孤島
4 提携
5 勘定
6 詠嘆
7 峡谷
8 幻影
9 鶏舎
10 先賢

3
1 棄
2 揮
3 企
4 奇
5 騎
6 鬼
7 棋
8 既
9 軌
10 忌

P.46
4
1 養鶏
2 賢
3 捕鯨
4 幻覚
5 雇
6 鶏
7 倹約
8 賢明
9 鯨
10 幻
11 孤独
12 解雇
13 弧
14 授
15 辞
16 体裁
17 蒸
18 万策
19 退
20 秘
21 経由
22 軽油
23 提
24 下

ステップ10

P.48 **1**

1 かいこ
2 かいご
3 わるだく
4 こうおつ
5 つうきこう
6 こりょ
7 さと
8 ぎこう
9 かんだか
10 きんこう
11 たんこう
12 かえり
13 こうりゅう
14 ごらく
15 けびょう
16 ばくろ
17 もと
18 ひより
19 きゅうか
20 ひま
21 はんも
22 しげ
23 じゅよ
24 あた

P.49 **2**

1 現→幻
2 巧→功
3 恵→契
4 掲→携
5 化→架

3

1 イ・ウ
2 イ・エ
3 ア・ウ
4 ア・イ
5 ア・エ
6 ウ・エ
（順不同）

P.50 **4**

1 覚悟
2 巧
3 顧問
4 悟
5 甲
6 拘束
7 坑内
8 鼻孔
9 娯楽
10 顧
11 巧妙
12 甲板
13 郊外
14 恵
15 貧血
16 笑
17 距離
18 面目
19 代物
20 規模
21 効率
22 公立
23 潮
24 塩

ステップ11

P.52 **1**

1 あわ
2 し
3 つなわた
4 ひか
5 そうこく
6 だつごく
7 おおあわ
8 つな
9 しぼ
10 こうしき
11 こうりょう
12 こうぼ
13 こくめい
14 かた
15 はっこう
16 せいこう
17 こぜに
18 おき
19 しょうに
20 じごく
21 しんせん
22 あざ
23 かんしょく
24 ふ

P.53 **2**

1 淡
2 緩
3 攻
4 需
5 応
6 納
7 愚
8 罰
9 虚
10 彼

3

1 離合
2 変幻
3 晩成
4 単刀
5 心機
6 笑止
7 前人
8 巧言
9 無病
10 両得

P.54 **4**

1 命綱
2 硬直
3 絞
4 慌
5 控
6 大綱
7 酵素
8 投獄
9 硬
10 克服
11 慌
12 尽
13 次第
14 誇
15 候補
16 玄関
17 迎
18 吸
19 紹介
20 照会
21 肥
22 越
23 弾
24 引

ステップ12

P.56 **1**

1 くっさく　2 もよお　3 かいこん　4 しこん　5 しょうこん　6 さいけん　7 しゅさい　8 てんさく　9 せいこん　10 うら　11 さいむ　12 きょうさい　13 けず　14 しぼ　15 いこん　16 すみ　17 けいだい　18 た　19 ほど　20 たましい　21 りんじ　22 のぞ　23 だとう　24 たお

P.57 **2**

1 啓　2 継　3 携　4 系　5 傾　6 掲　7 敬　8 刑　9 憩　10 契

3

1 敏　2 獄　3 削　4 虚　5 愚　6 債　7 衛　8 丹　9 画　10 引

P.58 **4**

1 魂　2 削減　3 搾　4 開墾　5 催　6 恨　7 紺色　8 闘魂　9 負債　10 催眠　11 痛恨　12 削　13 刻　14 著者　15 集　16 水準　17 普及　18 狭　19 後援　20 公演　21 好演　22 就寝　23 執心　24 終身

力だめし 第2回

P.59 **1**

1 かか　2 げんえい　3 さくじょ　4 かたこ　5 しぼ　6 あいこ　7 けいやく　8 せいこう　9 ぐうはつ　10 ていけい

2

1 ウ　2 ア　3 エ　4 エ　5 オ　6 ウ　7 ア　8 オ　9 エ　10 イ

P.60 **3**

1 補う　2 染まっ　3 慌ただしく　4 脅し　5 険しい　6 試みる　7 敬わ　8 愚かな　9 減らす　10 結わえる

4

1 イ　2 エ　3 ア　4 ウ　5 エ　6 ア　7 イ　8 エ　9 ウ　10 オ

P.61 **5**

1 食→殖　2 棋→揮　3 逆→虐　4 禁→緊　5 仕→支

6

1 虚　2 拘　3 末　4 劣　5 厳　6 憶　7 悟　8 退　9 勘　10 座

P.62 **7**

1 到来　2 哀楽　3 大義　4 果敢　5 鯨飲　6 流言　7 理路　8 適者　9 門戸　10 鶏口

8

1 峡谷　2 硬貨　3 図鑑　4 危　5 延　6 克服　7 処刑　8 山奥　9 誠意　10 俳句

ステップ 13

P.64
1

1 しもん
2 じっし
3 す
4 さつよう
5 さくらん
6 ざんじ
7 さむらい
8 はか
9 しさく
10 さっかく
11 ほどこ
12 さっか
13 ふくし
14 しせつ
15 じじょ
16 と
17 さきゅう
18 きわ
19 さんらん
20 と
21 けいたい
22 たずさ
23 るいじ
24 そらに

P.65
2

1 錯誤
2 異口
3 始終
4 山紫
5 是非
6 孤軍
7 万別
8 急転
9 無尽
10 大敵

3

1 茶
2 鶏
3 雇
4 影
5 眠
6 欧
7 権
8 獄
9 鯨
10 刑

P.66
4

1 撮影
2 交錯
3 福祉
4 施
5 侍従
6 擦
7 撮
8 暫定
9 施行
10 侍
11 諮
12 趣味
13 干物
14 得
15 抵抗
16 弟子
17 真剣
18 知恵
19 生
20 支障
21 死傷
22 済
23 澄
24 住

ステップ 14

P.68
1

1 ちょうじゅ
2 じゃすい
3 たしつ
4 こと
5 ことぶき
6 しめ
7 おんしゃ
8 じあい
9 しっく
10 しんきじく
11 じゃねん
12 しゅしょう
13 じぜん
14 しつげん
15 じゃどう
16 めずら
17 なっとく
18 でんせん
19 えんかく
20 へだ
21 かっそう
22 すべ
23 いじょう
24 こと

P.69
2

1 イ
2 イ
3 イ
4 イ
5 ア
6 ア
7 ア

3

1 みる
2 い
3 める
4 っ
5 しい
6 い
7 し
8 ん
9 え
10 める

P.70
4

1 主軸
2 除湿
3 慈悲
4 特殊
5 無邪気
6 湿
7 米寿
8 殊更
9 赦
10 疾駆
11 寿
12 色彩
13 一般
14 幸
15 大幅
16 達者
17 荒
18 介護
19 真価
20 臣下
21 制度
22 精度
23 居
24 射

ステップ15

P.72 **1**

1 えきしょう
2 しょうこう
3 きょしょう
4 しつじゅん
5 けつじょ
6 うるお
7 じょじょ
8 がっしょう
9 じゅんたく
10 しょうか
11 しょうあく
12 やくじょ
13 うる
14 ししょう
15 じゅんぽう
16 のぼ
17 しばふ
18 かせん
19 はへん
20 いちじる
21 げきど
22 いか
23 さいなん
24 わざわ

P.73 **2**

1 無
2 未
3 未
4 不
5 不
6 未
7 不
8 未

3

1 虚栄
2 利潤
3 敢闘
4 昇格
5 基軸
6 残虐
7 結晶
8 疾駆
9 掌中
10 陰湿

P.74 **4**

1 上昇
2 潤
3 突如
4 結晶
5 車掌
6 潤滑
7 徐行
8 遵守（順守）
9 意匠
10 潤
11 傷薬
12 祝杯
13 矛盾
14 市販
15 和菓子
16 網
17 船頭
18 先導
19 勤
20 務
21 努
22 老
23 追
24 負

ステップ16

P.76 **1**

1 じょうほ
2 れいじょう
3 ばんしょう
4 せっしょう
5 しょうそう
6 じょうと
7 いしょく
8 こ
9 ゆず
10 こ
11 じょうまん
12 しょうげき
13 はやがね
14 じょうざい
15 ごうじょう
16 かんべん
17 だんしょう
18 ごくひ
19 あいがん
20 あわ
21 げんせん
22 おごそ
23 きけん
24 けわ

P.77 **2**

1 派
2 冷
3 否
4 潔
5 革
6 賢
7 吉
8 存
9 賛
10 望

3

1 拘
2 硬
3 巧
4 綱
5 郊
6 坑
7 酵
8 紅
9 甲
10 孔

P.78 **4**

1 衝動
2 錠前
3 半鐘
4 分譲
5 冗談
6 嬢
7 焦点
8 鐘
9 親譲
10 嘱望
11 焦
12 訪
13 朽
14 吐
15 敵
16 絵柄
17 敬
18 亡命
19 踏襲
20 指揮
21 士気
22 四季
23 占
24 閉

ステップ 17

1 P.80

1 しんしょう
2 にた
3 ばっすい
4 ぞうすい
5 すいじゃく
6 ぶすい
7 しんび
8 よ
9 ちじょく
10 から
11 すいきょう
12 しんちょう
13 すいび
14 の
15 いき
16 ちちしぼ
17 おせん
18 かえり
19 もうはつ
20 かみ
21 そっこく
22 きざ
23 ていきょう
24 そな

2 P.81

1 伸ばし
2 秘める
3 潤う
4 逆らう
5 冷まし
6 衰え
7 蒸らす
8 易しい
9 構える
10 施し

3

1 三寒
2 盛衰
3 多才
4 小異
5 一笑
6 独断
7 棒大
8 無根
9 辛苦
10 暗鬼

4 P.82

1 心酔
2 衰
3 炊事
4 屈辱
5 伸
6 審判
7 香辛料
8 炊
9 老衰
10 粋
11 酔
12 伸縮
13 甘辛
14 柔道
15 負担
16 綿密
17 震
18 探
19 納得
20 慎重
21 新郎
22 心労
23 招待
24 正体

ステップ 18

1 P.84

1 う
2 はなむこ
3 せおと
4 う
5 しんずい
6 ずいしょ
7 と
8 ほさき
9 ずいそう
10 かんすい
11 こつずい
12 しんせい
13 ぎせい
14 すいこう
15 せいがん
16 あしぶ
17 げじゅん
18 きんごう
19 こわだか
20 さ
21 じゅうかん
22 つらぬ
23 とっぱ
24 つ

2 P.85

1 遵
2 虐
3 追
4 孤
5 華
6 従
7 朗
8 異
9 秘
10 採

3

1 ア
2 ア
3 ア
4 イ
5 ア
6 イ
7 ア

4 P.86

1 未遂
2 随時
3 犠牲
4 稲穂
5 要請
6 浅瀬
7 遂
8 下請
9 婿
10 精髄
11 導
12 容認
13 多忙
14 最寄
15 私事
16 環境
17 足跡
18 即席
19 糖分
20 当分
21 等分
22 音
23 根
24 値

力だめし 第3回

1 P.87
1 しっそう　2 はか　3 じょこう　4 さっかく　5 ざんてい
6 うるお　7 ほどこ　8 しょうとつ　9 ずいぶん　10 じゅんしゅ

2
1 ウ　2 ウ　3 オ　4 ア　5 オ
6 イ　7 エ　8 エ　9 オ　10 ア

3 P.88
1 酔　2 推　3 炊　4 出　5 遂
6 吹　7 衰　8 水　9 垂　10 粋

4
1 不　2 無　3 未　4 未　5 不
6 未　7 不　8 未　9 不　10 未

5 P.89
1 集↓収　2 裁↓催　3 延↓伸　4 察↓撮　5 誤↓娯

6
1 殊　2 給　3 匠　4 失　5 復
6 酸　7 派　8 績　9 息　10 役

7 P.90
1 同床　2 兼行　3 無実　4 躍如　5 自賛
6 長寿　7 意気　8 雑言　9 我田　10 邪説

8
1 興奮　2 片棒　3 根拠　4 冗長　5 昇進
6 羽織　7 腹痛　8 擦　9 湿度　10 災

ステップ 19

1 P.92
1 そし　2 えいぜん　3 せんざい　4 せっこう
5 あいせき　6 こくせき　7 すうせき　8 せっせい
9 ひそ　10 せきはい　11 しょせき　12 お
13 もぐ　14 つくろ　15 けんそ　16 きょそ
17 ひあ　18 かなめ　19 むなさき　20 しゅぎょう
21 しょか　22 か　23 はくりょく　24 せま

2 P.93
1 ウ　2 エ　3 イ
4 イ　5 ア　6 オ
7 エ　8 ウ　9 ア
10 イ

3
1 道断　2 一遇　3 前途
4 夜行　5 意識　6 茶飯
7 霧消　8 片言　9 知新
10 流水

4 P.94
1 潜水　2 修繕　3 摂取　4 斥　5 惜別
6 潜　7 阻害　8 繕　9 潜　10 移籍
11 惜　12 隻　13 措置　14 遺言　15 意気地
16 峠　17 背　18 甘党　19 師事　20 指示
21 支持　22 泊　23 留　24 止

ステップ 20

P.96
1

1 せいそう
2 そうほう
3 あら
4 そせき
5 ふたば
6 そうぎ
7 そまつ
8 くわ
9 そうぐう
10 あいぞう
11 あ
12 は
13 あらけず
14 こころにく
15 そそう
16 し
17 と
18 せんぱく
19 えいが
20 はなばな
21 ほうじゅん
22 うる
23 ちんせん
24 ひそ

P.97
2

1 粗
2 弱
3 寝
4 惜
5 阻
6 衰
7 損
8 理
9 接
10 偶

3

1 衝
2 匠
3 鐘
4 晶
5 焦
6 笑
7 掌
8 象
9 証
10 昇

P.98
4

1 愛憎
2 遭難
3 掃除
4 粗品
5 基礎
6 桑畑
7 掃
8 双眼鏡
9 粗
10 遭
11 葬
12 憎
13 梅干
14 商
15 原稿
16 朱色
17 薬剤
18 拡張
19 構想
20 高層
21 擦
22 刷
23 効
24 聞

ステップ 21

P.100
1

1 そくせい
2 たいまん
3 たいほ
4 たきのぼ
5 ていたい
6 ねぶくろ
7 そくしん
8 とうぞく
9 おこた
10 たいどう
11 とどこお
12 うなが
13 なま
14 たいりゅう
15 た
16 つど
17 かわ
18 かるわざ
19 がまん
20 わ
21 しゅうぜん
22 つくろ
23 ろしゅつ
24 よつゆ

P.101
2

1 衝
2 邪
3 孤
4 礎
5 遇
6 潤
7 幻
8 脅
9 辱
10 娯

3

1 無双
2 地異
3 晴耕
4 一刀
5 得失
6 衆人
7 単純
8 麗句
9 多岐
10 玉石

P.102
4

1 怠
2 胃袋
3 滞
4 逮捕
5 胎児
6 滞在
7 滝
8 催促
9 海賊
10 怠
11 促
12 樹立
13 看病
14 筋金
15 退屈
16 攻略
17 景観
18 警官
19 際限
20 再現
21 経
22 減
23 絶
24 耐

ステップ22

1 P.104

1 がだん
2 うば
3 きょだく
4 たん
5 くったく
6 そうだつ
7 きた
8 さいたく
9 たっきゅう
10 しょくたく
11 たくいつ
12 だっかい
13 しょうだく
14 たくばつ
15 こんたん
16 う
17 そうてい
18 てさぐ
19 きいと
20 めば
21 ちょさく
22 あらわ
23 けいかい
24 いまし

2 P.105

1 群
2 胆
3 非
4 辛
5 双
6 欠
7 赦
8 横
9 措
10 籍

3

1 イ
2 ア
3 イ
4 ア
5 イ
6 ア
7 イ

4 P.106

1 委託
2 奪
3 選択
4 大胆
5 快諾
6 花壇
7 卓越
8 強奪
9 鍛
10 登壇
11 繰
12 老舗
13 指針
14 光沢
15 好奇
16 刷新
17 資格
18 視覚
19 監修
20 観衆
21 摘
22 積
23 角
24 門

ステップ23

1 P.108

1 ぼくちく
2 ちゅうせん
3 いもの
4 ようち
5 ちゅうざい
6 ちょうきん
7 こ
8 かいちゅう
9 ちゅうしょう
10 ちっそ
11 じょうちゅう
12 きぼ
13 ちゅうりゅう
14 ちくさん
15 ちょうこう
16 ちょうか
17 してい
18 ばんたん
19 そくしん
20 うなが
21 ゆうれつ
22 おと
23 ごくじょう
24 きわ

2 P.109

1 オ
2 ア
3 ア
4 エ
5 ウ
6 エ
7 ウ
8 エ
9 イ
10 イ

3

1 怠ける
2 控える
3 群がっ
4 裁き
5 疑わしい
6 幼い
7 報いる
8 災い
9 鍛える
10 繕っ

4 P.110

1 彫刻
2 鋳造
3 窒息
4 駐車
5 彫
6 超越
7 抽出
8 家畜
9 稚魚
10 鋳型
11 袋
12 加盟
13 源
14 見境
15 引率
16 宣伝
17 畳
18 包装
19 放送
20 半
21 仲
22 中
23 技
24 業

ステップ24

P.112 **1**
1 ていおう 2 しっつい 3 ていやく 4 こうてい
5 ちんこん 6 き 7 ちんしゃ 8 てつがく
9 げきつい 10 けいちょう 11 ちんぷ 12 てつじん
13 し 14 ちょうしゅう 15 ちんあつ 16 びえん
17 うらめ 18 こういっつい 19 かいさい 20 もよお
21 とうみん 22 いねむ 23 れんあい 24 はつこい

P.113 **2**
1 エ 2 イ 3 ア
4 ア 5 ウ 6 イ
7 エ 8 ウ 9 エ
10 オ

3
1 ア 2 エ 3 オ
4 ウ 5 オ 6 イ
7 ウ 8 エ 9 イ

P.114 **4**
1 皇帝 2 変哲 3 締結 4 傍聴 5 鎮火
6 陳列 7 改訂 8 墜落 9 締 10 視聴
11 訂正 12 訳 13 憲法 14 比較 15 小豆
16 巡 17 閉鎖 18 格段 19 司会 20 視界
21 痛切 22 通説 23 煮 24 似

力だめし 第4回

P.115 **1**
1 くわ 2 ちゅうしゅつ 3 は 4 じゅうちん 5 たき
6 ほ 7 たいじ 8 きそ 9 せきしゅん 10 そがい

2
1 ア 2 ウ 3 オ 4 イ 5 ウ
6 エ 7 ア 8 エ 9 イ 10 オ

P.116 **3**
1 垂らし 2 憎らしい 3 預かっ 4 怠ら 5 浴びせる
6 連なる 7 著しく 8 滞り 9 負かし 10 勇ましい

4
1 ア 2 ウ 3 オ 4 エ 5 ア
6 オ 7 イ 8 エ 9 ウ 10 オ

P.117 **5**
1 掃→操
2 精→請
3 香→酵
4 伸→進
5 訴→措

6
1 雑 2 納 3 逮 4 奮 5 諾
6 覚 7 加 8 持 9 切 10 早

P.118 **7**
1 気炎 2 選択 3 落胆 4 千秋 5 品行
6 不覚 7 八倒 8 新陳 9 自在 10 無双

8
1 就職 2 失墜 3 叫 4 得策 5 摂理
6 穴場 7 葬式 8 素潜 9 足袋 10 祈

ステップ25

1 P.120

1 とそう　2 こご　3 とうすい　4 いっと　5 いんとく　6 とくし　7 ぶた　8 とふ　9 とうけつ　10 すいとう　11 ようとん　12 こお　13 とうき　14 とくじつ　15 とうしょう　16 きょえい　17 くわばたけ　18 ぶんき　19 しゅぬ　20 む　21 いもん　22 なぐさ　23 かんまん　24 ゆる

2 P.121

1 抽　2 粗　3 秘　4 易　5 任　6 篤　7 淡　8 豊　9 陳　10 達

3

1 真剣　2 一貫　3 大胆　4 低迷　5 生殺　6 孤城　7 出世　8 応報　9 満面　10 円熟

4 P.122

1 陶芸　2 匿名　3 豚肉　4 凍　5 塗料　6 凍　7 北斗　8 凍死　9 天然痘　10 危篤　11 塗　12 投棄　13 途中　14 操縦　15 完熟　16 女神　17 微力　18 乾燥　19 拝　20 散乱　21 当初　22 投書　23 井戸　24 緯度

ステップ26

1 P.124

1 ねば　2 ろうば　3 にょうそ　4 はいせき　5 ほばく　6 ばいしょく　7 てんば　8 はんそう　9 ばっさい　10 はいじょ　11 しらほ　12 しば　13 ねんちゃく　14 とうにょう　15 しゅっぱん　16 はいえん　17 か　18 ぶあい　19 ゆ　20 まこと　21 かいだん　22 あや　23 ごじょう　24 ゆず

2 P.125

1 邪　2 放　3 滞　4 削　5 排　6 余　7 圧　8 喜　9 担　10 図

3

1 排→敗　2 心→審　3 注→駐　4 係→継　5 征→牲

4 P.126

1 粘土　2 排気　3 縛　4 帆　5 検尿　6 老婆心　7 陪審　8 殺伐　9 束縛　10 帆船　11 粘　12 補　13 割　14 拠点　15 混乱　16 値打　17 豪雨　18 窓辺　19 神秘　20 気体　21 期待　22 機体　23 厳禁　24 現金

ステップ 27

P.128 **1**

1 どうはん
2 かはん
3 ひけん
4 ばんゆう
5 あいともな
6 ぶんぴつ(ぶんぴ)
7 せきひ
8 ひめぎみ
9 ばんそう
10 はんせい
11 ひげ
12 くひ
13 うたひめ
14 ひれつ
15 ほくと
16 ふうふ
17 らんおう
18 いっそう
19 むえん
20 けしん
21 たいのう
22 とどこお
23 こもん
24 かえり

P.129 **2**

1 ア
2 ウ
3 エ
4 オ
5 イ
6 ア
7 オ
8 エ
9 ウ

3

1 カ
2 キ
3 ウ
4 ク
5 ア

P.130 **4**

1 湖畔
2 伴
3 野蛮
4 墓碑
5 分泌
6 姫
7 随伴
8 藩士
9 卑屈
10 相伴
11 誤差
12 透明
13 遠征
14 宮殿
15 絶妙
16 穀物
17 程遠
18 扇
19 歴訪
20 演奏
21 白状
22 薄情
23 練
24 寝

ステップ 28

P.132 **1**

1 ひょうはく
2 ふくせん
3 おもむ
4 おんぷ
5 みっぷう
6 ただよ
7 てんぷく
8 ふんしつ
9 せんぷく
10 ひょうはく
11 なえ
12 ふにん
13 かんぷう
14 おお
15 ふ
16 まぎ
17 ふくめん
18 めいしょう
19 たち
20 こくだか
21 きかん
22 すで
23 ぎょうし
24 こ

P.133 **2**

1 ウ
2 ア
3 エ
4 ウ
5 オ
6 ア
7 イ
8 オ
9 ウ
10 イ

3

1 尊
2 辱
3 陳
4 稚
5 暑
6 素
7 勤
8 好
9 加
10 固

P.134 **4**

1 封鎖
2 起伏
3 苗代
4 漂着
5 内紛
6 封建
7 符合
8 赴
9 漂
10 苗木
11 伏
12 覆
13 紛
14 盛
15 開幕
16 強烈
17 綿雲
18 平謝
19 先輩
20 覆水
21 礼状
22 令嬢
23 望
24 臨

ステップ 29

1 P.136

1 しんぽう　2 つの　3 ほんぽう　4 けいぼ
5 ほうめい　6 しゅうへき　7 ぼきん　8 した
9 ふんぼ　10 ちょうぼ　11 ほうがく　12 ほうのう
13 れんぼ　14 なんくせ　15 ぶぎょう　16 ほうじん
17 ほうき　18 あいかん　19 ぎゅうじ　20 ななくせ
21 ふんそう　22 まぎ　23 せんけん　24 かしこ

2 P.137

1 オ　2 ア　3 イ
4 オ　5 イ　6 エ
7 オ　8 ウ　9 イ

3

1 ウ　2 オ　3 エ
4 ウ　5 ア　6 イ
7 エ　8 ア　9 ア
10 イ

4 P.138

1 口癖　2 応募　3 慕　4 古墳　5 連邦
6 芳香　7 奉仕　8 名簿　9 募　10 慕情
11 潔癖　12 煙　13 故障　14 飛躍　15 敏感
16 運賃　17 筋書　18 垂　19 損傷　20 補足
21 補則　22 元　23 基　24 下

ステップ 30

1 P.140

1 くず　2 ぶんぼうぐ　3 ぼうがい　4 とぼ
5 ほうせい　6 ほうしょく　7 ふさ　8 たいぼう
9 ほうごう　10 みあ　11 ほうかい　12 もほう
13 ほうし　14 ぬ　15 ひとふさ　16 なだれ
17 ようこう　18 お　19 しょうぶん　20 めいしん
21 しんぼう　22 からくち　23 かいとう　24 こご

2 P.141

1 危ぶま　2 崩れ　3 任せる
4 強いる　5 妨げ　6 盛んな
7 飽かし　8 背ける　9 設け
10 従え

3

1 無縫　2 奇怪　3 議論
4 即発　5 古今　6 名実
7 貧乏　8 満帆　9 深長
10 二鳥

4 P.142

1 縫　2 飽和　3 暖房　4 崩落　5 細胞
6 模倣　7 妨　8 乏　9 裁縫　10 飽
11 山崩　12 乳房　13 輝　14 支援　15 円陣
16 幼　17 装置　18 貧乏　19 要旨　20 容姿
21 包囲　22 方位　23 討　24 打

力だめし 第5回

1 P.143
1 なえ　2 きっぷ　3 ほうじん　4 ほばしら　5 ふ　6 ふういん　7 ほうこう　8 おもむ　9 らんぱく　10 ほうし

2
1 ア　2 ア　3 ア　4 ウ　5 エ　6 ア　7 ア　8 エ　9 イ　10 ア

3 P.144
1 悩ましい　2 巧みな　3 済ます　4 異なる　5 伴い　6 漂っ　7 縮れる　8 覆っ　9 全く　10 語らい

4
1 オ　2 キ　3 イ　4 ケ　5 コ

5 P.145
1 ウ　2 イ　3 オ　4 ア　5 エ　6 オ　7 イ　8 ウ　9 エ　10 ア

6
1 協　2 縛　3 賛　4 従　5 模　6 治　7 序　8 野　9 降　10 断

7 P.146
1 異体　2 孤立　3 卓説　4 来歴　5 飽食　6 舌先　7 胆大　8 狂喜　9 混同　10 一挙

8
1 競　2 極端　3 姿勢　4 帳簿　5 疲　6 豚　7 難癖　8 房　9 粘　10 洗

ステップ 31

1 P.148
1 ぼうちょう　2 ほんやく　3 びょうま　4 むぼう　5 まいぞう　6 ぼうし　7 ふく　8 ぼくしゅ　9 ぼうりゃく　10 しゅつぼつ　11 まいそう　12 はくぼく　13 ぼっしゅう　14 あなう　15 いんぼう　16 すみえ　17 たくじ　18 とりい　19 きょうい　20 おど　21 ずいはん　22 ともな　23 しんらい　24 たよ

2 P.149
1 没　2 黙　3 謀　4 魔　5 裁　6 縛　7 乏　8 負　9 斥　10 憩

3
1 縫　2 邦　3 奉　4 飽　5 倣　6 崩　7 胞　8 芳　9 封　10 砲

4 P.150
1 膨　2 没頭　3 魔　4 埋設　5 墨　6 共謀　7 某　8 膨大　9 翻意　10 水墨　11 埋　12 点呼　13 派遣　14 舞台　15 末尾　16 及　17 路傍　18 脈拍　19 恥　20 確信　21 革新　22 説　23 溶　24 解

ステップ32

1 P.152

1 ゆうりょ　2 あ　3 ゆうこく　4 かんゆう
5 めんじょ　6 みわく　7 げんめつ　8 かくまく
9 こうよう　10 ゆうち　11 またぎ　12 ほろ
13 うれ　14 ゆうげん　15 けいよう　16 さそ
17 ほうめん　18 さまた　19 とじ　20 しだい
21 きゅうぼ　22 つの　23 さいほう　24 ぬ

2 P.153

1 ア　2 エ　3 ウ
4 イ　5 ア　6 イ
7 エ　8 オ　9 エ
10 ウ

3

1 コ　2 オ　3 ク
4 カ　5 ア

4 P.154

1 自滅　2 誘　3 粘膜　4 憂国　5 水揚
6 滅　7 又貸　8 魅力　9 免税　10 誘発
11 幽閉　12 憂　13 浮揚　14 恐縮　15 討論
16 召　17 不朽　18 警戒　19 縮　20 紫外線
21 医療　22 衣料　23 初　24 染

ステップ33

1 P.156

1 こうりゅう　2 よくよう　3 ゆ　4 おさ
5 ようりつ　6 せきらら　7 らんかく　8 りいん
9 りょうしょう　10 りゅうき　11 はだか　12 ゆ
13 ほうよう　14 みりょう　15 どうよう　16 らんばつ
17 よくあつ　18 ぶんだん　19 ないだく　20 かたぐるま
21 ほうわ　22 あ　23 ゆうわく　24 さそ

2 P.157

1 滅　2 抑　3 了
4 乏　5 除　6 隆
7 役　8 監　9 配
10 免

3

1 ウ　2 オ　3 ア
4 ウ　5 エ　6 イ
7 ア　8 エ　9 イ

4 P.158

1 揺　2 抑　3 能吏　4 完了　5 裸子
6 擁護　7 動揺　8 抑制　9 隆盛　10 丸裸
11 濫読(乱読)　12 翌日　13 蚕　14 任
15 項目　16 涙　17 片言　18 増殖　19 嘆
20 散策　21 有効　22 友好　23 優　24 易

ステップ34

1 P.160

1 はれつ
2 れいさい
3 れいこん
4 せいれい
5 しゅりょう
6 りょうぼ
7 さ
8 しょくりょう
9 はげ
10 れいらく
11 れいほう
12 りょうし
13 れいこう
14 けつれつ
15 ごりん
16 れいぜん
17 けいらん
18 ふしあな
19 ぜつめつ
20 ほろ
21 ついぼ
22 した
23 よくし
24 おさ

2 P.161

1 勉励
2 意気
3 危急
4 奮励
5 幽谷
6 九厘
7 一憂
8 驚天
9 不眠
10 鬼没

3

1 エ
2 ア
3 オ
4 エ
5 イ
6 ウ
7 ア
8 ア
9 ウ
10 オ

4 P.162

1 幽霊
2 励
3 一厘
4 分裂
5 猟犬
6 糧道
7 激励
8 零下
9 裂
10 丘陵
11 操作
12 潮時
13 開拓
14 警笛
15 罰金
16 頂
17 供給
18 物腰
19 非凡
20 布製
21 振
22 降
23 器用
24 起用

ステップ35

1 P.164

1 ろうか
2 せいれん
3 しょうろう
4 ほうろう
5 だつろう
6 こうわん
7 せいれん
8 こうろ
9 かいろう
10 こうろう
11 いろう
12 れんか
13 たんれん
14 ろばた
15 も
16 げきろう
17 たんもの
18 におう
19 じっけい
20 せいひん
21 ぼうだい
22 ふく
23 げきれい
24 はげ

2 P.165

1 謀↓暴
2 廉↓連
3 漏↓盛
4 味↓魅
5 劣↓裂

3

1 エ
2 ウ
3 ア
4 オ
5 イ
6 ア
7 エ
8 ウ
9 ア

4 P.166

1 暖炉
2 漏水
3 廉売
4 漏
5 湾岸
6 浪費
7 錬金
8 楼閣
9 画廊
10 浪人
11 漏
12 骨身
13 執筆
14 稲作
15 縦
16 詰
17 誕生
18 泉
19 勧告
20 順応
21 優秀
22 有終
23 余地
24 予知

力だめし 第6回

1 P.167
1 かんり
2 ほろ
3 まほう
4 わんきょく
5 う
6 きゅうりょう
7 きんりょう
8 どくりょう
9 こまく
10 うれ

2
1 エ
2 キ
3 イ
4 ア
5 ク

3 P.168
1 様
2 養
3 擁
4 要
5 揺
6 揚
7 陽
8 容
9 幼
10 溶

4
1 イ
2 エ
3 ア
4 ウ
5 イ
6 ア
7 オ
8 エ
9 ウ
10 オ

5 P.169
1 優→幽
2 遊→誘
3 蓄→畜
4 雇→顧
5 造→蔵

6
1 模
2 卑
3 落
4 縮
5 隆
6 遺
7 伏
8 浪
9 頭
10 腹

7 P.170
1 炉辺
2 吐息
3 投合
4 五裂
5 処置
6 三文
7 高揚
8 欠乏
9 激励
10 明朗

8
1 墨
2 魅惑
3 雌雄
4 補修
5 配慮
6 又聞
7 訴
8 依頼
9 胸中
10 翻訳

3級 総まとめ 標準解答

(一) 読み (30)

1	2	3	4	5	6	7	8	9	10	11	12	13	14
めいぼ	あいかん	せつじょく	きち	こうぼ	ぎょうしゅく	きょうぐう	のうこん	ふずい	しんく	てつがく	ねんえき	らくたん	ちんじょう

1×30

(二) 同音・同訓異字 (30)

1	2	3	4	5	6	7	8	9	10
エ 猟	オ 糧	イ 陵	エ 冗	ウ 錠	ア 譲	イ 斥	オ 籍	エ 隻	ア 超

2×15

(四) 熟語の構成 (20)

1	2	3	4	5	6	7	8	9	10
イ	エ	ア	ウ	エ	イ	ウ	ア	エ	オ

2×10

(六) 対義語・類義語 (20)

1	2	3	4	5	6	7	8	9	10
裂	揺	倹	免	没	励	諾	邪	謀	収

2×10

(八) 四字熟語 (20)

1	2	3	4	5	6	7	8	9	10
多岐	不滅	択一	汚名	難攻	全霊	清廉	力戦	錯誤	同体

2×10

(十) 書き取り (40)

1	2	3	4	5	6	7	8	9	10
墓穴	更新	前掲	冷凍	湿布	師匠	再審	純粋	切符	自炊

2×20

30	29	28	27	26	25	24	23	22	21	20	19	18	17	16	15
かみふぶき	ふくろ	も	い	にく	きも	つなひ	か	ひ	おお	ほ	かいどう	せいきょう	ろうえい	きせき	かいふう

15	14	13	12	11
エ 遭	オ 飽	イ 揚	イ 聴	ウ 潮

(三) 漢字識別 (10)

5	4	3	2	1
コ 催	カ 幻	ケ 擁	オ 隆	ウ 潤

2×5

(五) 部首 (10)

10	9	8	7	6	5	4	3	2	1
エ 土	ウ 頁	エ 衤	ウ 虍	イ 厂	ア 心	ア 木	エ 衣	ウ 月	ア 骨

1×10

(七) 漢字と送りがな (10)

5	4	3	2	1
危うい	企て	潜ん	悔いる	閉ざさ

2×5

(九) 誤字訂正 (10)

	5	4	3	2	1
誤	該	層	支	啓	接
正	概	葬	施	契	摂

2×5

20	19	18	17	16	15	14	13	12	11
田舎	裏腹	古株	届	雇	速	奪	牧場	疑	紅

都道府県名

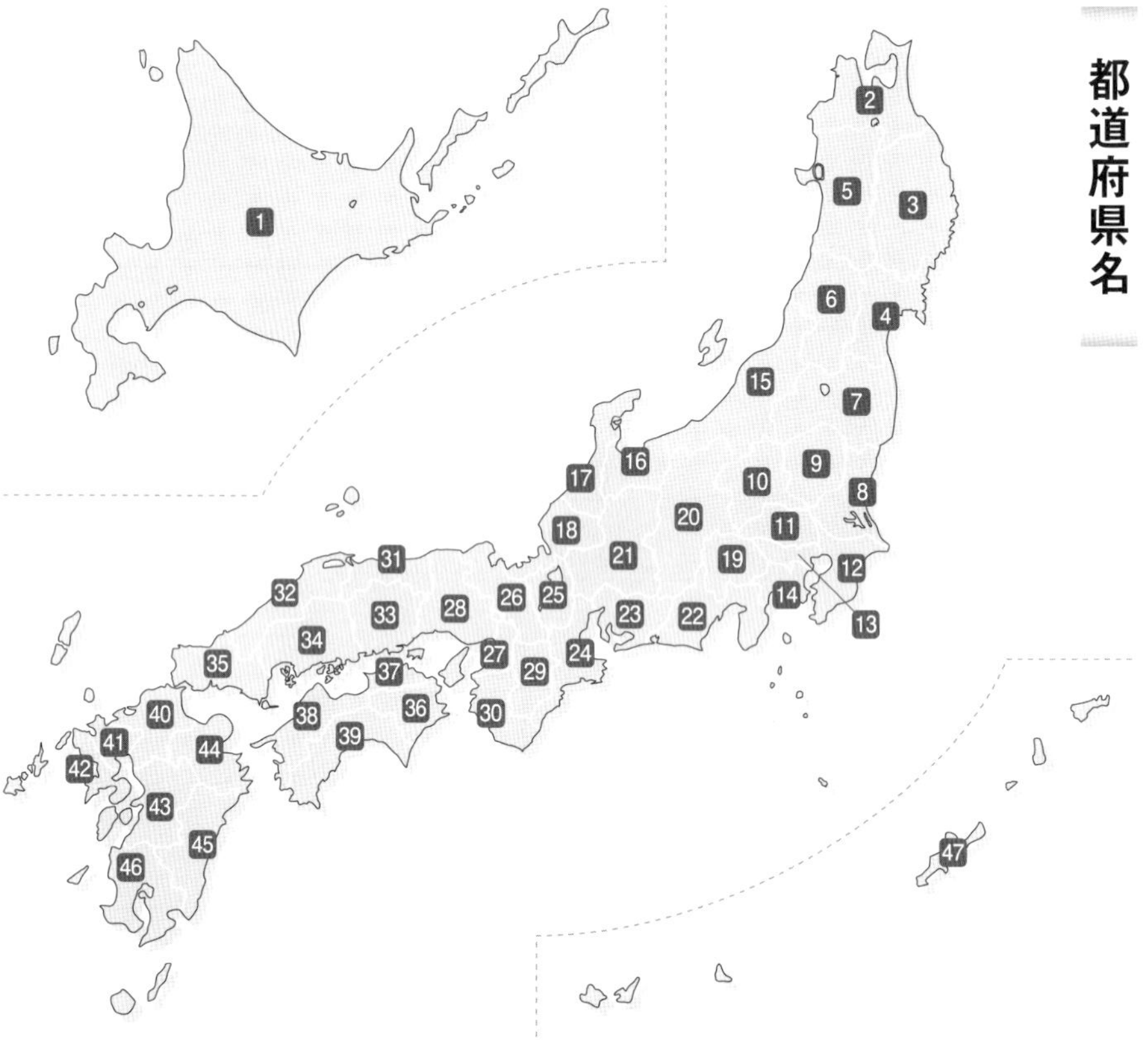

1	2	3	4	5	6	7	8	9	10	11	12	13	14	15	16
北海道《ほっかいどう》	青森県《あおもりけん》	岩手《いわて》県	宮城《みやぎ》県	秋田《あきた》県	山形《やまがた》県	福島《ふくしま》県	茨城《いばらき》県	栃木《とちぎ》県	群馬《ぐんま》県	埼玉《さいたま》県	千葉《ちば》県	東京都《とうきょうと》	神奈川《かながわ》県	新潟《にいがた》県	富山《とやま》県

17	18	19	20	21	22	23	24	25	26	27	28	29	30	31	32
石川《いしかわ》県	福井《ふくい》県	山梨《やまなし》県	長野《ながの》県	岐阜《ぎふ》県	静岡《しずおか》県	愛知《あいち》県	三重《みえ》県	滋賀《しが》県	京都府《きょうとふ》	大阪《おおさか》府	兵庫《ひょうご》県	奈良《なら》県	和歌山《わかやま》県	鳥取《とっとり》県	島根《しまね》県

33	34	35	36	37	38	39	40	41	42	43	44	45	46	47
岡山《おかやま》県	広島《ひろしま》県	山口《やまぐち》県	徳島《とくしま》県	香川《かがわ》県	愛媛《えひめ》県	高知《こうち》県	福岡《ふくおか》県	佐賀《さが》県	長崎《ながさき》県	熊本《くまもと》県	大分《おおいた》県	宮崎《みやざき》県	鹿児島《かごしま》県	沖縄《おきなわ》県